D1874721

Wolfgang Denz/Claudia Thiel

Erfolgsfaktor Paradoxie

Wolfgang Denz/Claudia Thiel

Erfolgsfaktor Paradoxie

Es bleibt alles ganz anders

Wirtschaftsverlag Langen Müller Herbig

Illustrationen:
ART & DESIGN, Roberto Freire
DENZWERBUNG, Hagen

© 1997 by Wirtschaftsverlag Langen Müller/Herbig in
F. A. Herbig Verlagsbuchhandlung GmbH, München
Alle Rechte vorbehalten
Schutzumschlag: Atelier Bachmann, Reischach
Schutzumschlagmotiv: Imagine Photo Bank Selection, Hamburg
Satz: Fotosatz Völkl, Puchheim
Druck: Jos. C. Huber KG, Dießen
Binden: R. Oldenbourg, München
Printed in Germany
ISBN 3-7844-7371-7

Inhaltsübersicht

Einleitung

Ökonomisch rational zu handeln – das ist das Image, das sich Menschen, die in der Wirtschaft etwas gelten wollen, mühsam errichten. Doch meist schaffen sie nicht mehr als den Anschein, den sie mit großem Aufwand aufrechterhalten. Argumente sind bekanntlich leichter zu finden als Groschen im Portemonnaie.

Wer sich den Spaß erlaubt, überraschend und unkonventionell zu handeln, erntet spöttische Bewunderung und hohe Erträge. Regeln und Zwänge können ihn nicht hindern. Im Gegenteil: Er macht sich zunutze, woran andere verzweifeln.

Je verrückter die Aufgaben, desto größer seine Erfolge. Sackgassen, Fallen und Zwickmühlen – und er ist in seinem Element. Ein Mitbewerber, der jetzt mit leerem Ideenspeicher, verbiesterter Miene und blasser Logik nicht mehr weiter weiß, kann es nicht fassen: Verrücktheiten sind nichts für ernsthafte Menschen. Stimmt. Und es gibt viele Menschen, die meinen, vernünftig wäre, was alle tun, was den Gesetzen der Logik folgt, und vor allem, wenn man es mit einem ernsten Gesicht macht.

Schachspieler kennen das: Der offensichtlich anstehende Schachzug ist nicht der beste. Der überraschende Zug offenbart den Könner.

Offensichtlich richtig und logisch – wie oft verhalten wir uns völlig korrekt und verzweifeln doch am Ergebnis. Alles lief schief, als wenn sich alle gegen uns verschworen hätten. Was hätten wir denn nur tun sollen, um erfolgreich zu sein?

Manchmal nehmen wir uns die Zeit, über unser Verhalten nachzudenken. Meistens haken wir nur ab, was uns passiert ist. Weil das Grübeln doch zu nichts führt. Die Gedanken ziehen Kreise. Unsere Logik kapituliert. Wir sehen keinen Weg aus dem Teufelskreis.

Sie kennen den Witz von dem Betrunkenen an der Litfaßsäule? In Panik tastet er sich immer wieder daran entlang und ruft mit letzter Kraft: »Hilfe, ich bin eingemauert!«

Wir stehen oft mit 0,0 Promille an solchen Litfaßsäulen: Unsere Versuche gewinnen an Heftigkeit; unsere Anstrengung steigt, unsere Angst zieht nach. Wir sehen keinen Ausweg, wir versuchen immer dasselbe mit mehr Krafteinsatz, wir gehen in unserem Ohnmachtsgefühl unter.

Genau wie an der Säule ist es oft eine Kleinigkeit, die dem Leben eine neue Perspektive gibt. So einfach kann das doch gar nicht sein! Unser High-Tech-Gehirn protestiert. Die Situation ist so kompliziert, daß sie uns eine einfache Lösung schlicht verbietet.

In diesem Buch wird Ihnen bewußt, wie viele Fallen der Alltag unserem Großhirn stellt – oder ist es umgekehrt? Müssen wir etwa umkehren, was in der gewohnten Richtung nicht läuft? Noch können Sie umkehren und die Sache wieder vergessen. Wenn nicht, können Sie nachher umkehren, was jetzt verkehrt ist.

Apropos vergessen: Wenn Sie dies alles vergessen wollen, werden Sie es nicht vergessen können. Sie merken es: Wir sind mitten im Thema.

Vorsicht! Lesen Sie nicht weiter. Vielleicht können Sie nicht mehr aufhören.

A
INFORMATIONSTEIL

Folge-richtig konsequent

Gradlinig. Konsequent. Angesehene Eigenschaften für Menschen und Organisationen. Auch erfolgversprechende? Der gradlinige, konsequente Mensch ist überzeugt davon, daß die Dinge eine höhere Ordnung in sich tragen, daß eine klare Konsequenz das Leben bestimmt, daß Absicht und Folge zusammengehören, daß eine Ursache ihre ganz spezifische Wirkung hat. Wenn A, dann B. Oder: Weil A, deshalb B.

Jemand stiehlt, also wird er bestraft. Jemand fällt durch Faulheit auf, also bekommt er einen Rüffel. Jemand leistet viel, also steht ihm die Prämie zu. Ein Kunde ist fest in der Hand des Wettbewerbs, also sucht sich der Durchschnittsverkäufer einen anderen – nur nichts in ein aussichtsloses Spiel investieren.

Das ist folge-richtig. Das ist logisch. Aber nicht immer vernünftig.

Unsinn

»Nachts ist es kälter als draußen.«

»Die Erde ist höher als breit.«

»Kein Mensch kriegt auf diesem bescheuerten Tennisplatz einen Ball übers Netz.«

Das ist offenkundig Blödsinn. Für den, der es sagt, klingt es vielleicht noch ganz vernünftig. Wer es hört, kann sich das Lachen nicht verbeißen.

Der Geistgehalt liegt manchmal in der Nähe der Promillegrenze. Wie bei dem Vertreter Glücklos. Eines Abends lallt er voller Kummer, daß der Verkaufsleiter ihm einen kleineren Wagen zugewiesen habe, weil er die Sollzahlen nicht erreicht habe. Das gehe jetzt bestimmt noch weiter. Bisher fuhr er einen Mercedes. Jetzt einen A 4, garantiert gibt's bald nur noch einen A 3 oder gar einen A 2 …

»Aber den gibt es doch gar nicht«, tröstet ihn sein Kollege.

»Ja, noch nicht, aber für mich werden sie das schon noch machen.«

Es ist Unsinn, irgendwie sinnvoll, aber eben doch unhaltbar. Und doch: Versuchen Sie, es zu widerlegen.

Junge Frau – alte Frau?

In meinen Seminaren zeige ich den Teilnehmern oft dieses Vexierbild – ein Klassiker, aber es gibt anscheinend nichts Besseres: Sehen Sie eine junge Frau oder eine alte?
Manche sehen sofort beide, manche sofort die eine und dann die andere. Manche sehen die andere erst mit Hilfe.

Und manche sehen partout nur die eine. Alle Erklärungen gehen ins Leere: Das Halsband der jungen Frau ist der Mund der alten. Das Öhrchen der jungen Frau ist Auge und Tränensack der alten … Es hilft alles nichts. Die Bemühungen eskalieren. Die Erklärer können nicht begreifen, daß der andere nicht sieht, was sie sehen. Der wiederum verliert zusehends die Fassung: »Bin ich denn blöd?!« Er will sehen, was andere sehen können. Er will es! Er muß es doch auch können. Er wechselt die Farbe, er schüttelt den Kopf, er wischt sich über die Augen, er rutscht auf dem Stuhl herum, schaut die anderen ungläubig an, neigt dazu, ein Lippenbekenntnis abzulegen … Die Gruppe wundert sich fast noch mehr als er selbst. An diesem Punkt versagen alle vernünftigen Mittel, ihn zur Einsicht zu bringen.

Wenn ich mich jetzt an seine Seite stelle und ihm glaubwürdig versichere, daß ich mit den anderen ein heimtückisches Spiel verabredet habe, dann passiert über kurz oder lang das Unglaubliche. Eine Weile wende ich mich ihm noch besonders zu. Ich behaupte, er habe Charakterstärke bewiesen; darum sei es in diesem Experiment gegangen. Hier gäbe es das gar nicht zu sehen, was die anderen zu sehen behaupten. Das sei ein mieses, abgekartetes Spiel gewesen …

Was mag jetzt in ihm vorgehen? Jedenfalls lacht er erst einmal unsicher, lehnt sich zurück, zeigt Entspannung, schüttelt wieder den Kopf … und dann sieht man ihm an: Er kann es sehen!

Ich weiß nicht, wer mehr staunt, die anderen oder er. Oder ich.

Analyse

Wer sich zu sehr anstrengt, verhindert seinen Erfolg so gut er kann.

Verkrampfungen lähmen seinen Körper; seine Mimik besteht aus Zuckungen, ruckartig löst ein Ausdruck den anderen ab, der ganze Mensch scheint blockiert. Entsprechend stockt seine Wahrnehmung. Er sieht nur noch, was er schon vorher sah. Keine Aussicht auf eine neue (Ein-)Sicht.

Das verkniffene bewußte Denken verhakt sich am Problem. Wenn Sie es schaffen, es abzulenken oder abzuschalten, dann löst das Unterbewußtsein die Aufgabe. Meistens schnell und zuverlässig. Nur das Unterbewußtsein schafft es, mit einer Fülle von Informationen gleichzeitig und ganzheitlich fertig zu werden. Wenn der Mensch locker ist, dann sorgt dieses Unterbewußte für Orientierung und Einordnung dessen, was ringsum geschieht. Wenn der Mensch blockiert ist, hat er sich dieser Chance selbst beraubt.

Was bedeutet das für Ihre Arbeit?

Angenommen, Sie stellen fest, daß Ihr Kunde sich verspannt, innerlich und äußerlich. Dann wissen Sie, er kann Ihnen nicht folgen. Er kann – um beim vorherigen Beispiel zu bleiben – entweder die junge oder die alte Frau nicht sehen, weil er blockiert ist. Lösen Sie seine Verkrampfung auf, dann heben Sie auch diese Blockierung auf. Dabei können Sie entweder den Grund für die Verkrampfung ausräumen – wer muß vor einem albernen Spiel schon Angst haben? – oder den Menschen in Bewegung versetzen. Seinen Körper. Aufstehen, die Hände bewegen, die Füße, den Kopf …

Wenn Sie spüren, daß Ihr Kunde sich im Gespräch verspannt, dann sind dies die Auswege. Auf welche Art Sie ihn zum Lachen bringen, womit Sie es schaffen, daß er sich – körperlich – bewegt, das bleibt der Situation und Ihrer Phantasie überlassen. Anfänger nehmen eine Tasse Kaffee, fragen nach Objekten, die man nur vom Fenster aus sehen kann, wenn man aufsteht, oder sie kippen etwas um, was lange eingesammelt oder aufgewischt werden muß. Könner verraten ihre Rezepte nicht. Dem hellwachen Beobachter entgeht kein noch so guter Trick.

Eine gefährliche Dreiecksgeschichte

Ufos sehen vermutlich nur von vorne wie Ufos aus. Von der Rückseite löst sich das Ufo vielleicht in eine banale Konstruktion auf. Wie das Penrose-Dreieck.

Das Penrose-Dreieck täuscht uns: Erst ein Spiegel dahinter entlarvt den faulen Zauber. Es bringt uns zur Verzweiflung, weil es das durcheinanderbringt, was wir Sinn nennen: hinten, vorne, oben und unten – nichts stimmt. Es ist keine optische Täuschung, so leicht können wir es uns nicht machen. Unser Kopf liefert Lösungen, die in der Realität nicht standhalten. Nicht die Augen stoßen an ihre Grenzen, sondern unser Verstand. Er versagt bei der Erschließung der optischen Information. Gerade so, als könnte er nicht mehr 2 + 2 zusammenzählen, zumindest nicht vor einem bestimmten Hintergrund.

Was uns verwirrt, ist der Umstand, daß wir den Eindruck von einem dreidimensionalen Gebilde gewinnen, das in der Realität so nicht existieren kann. Die Winkel sind völlig normal, aber sie sind auf eine falsche, räumlich unmögliche Weise miteinander verbunden.

Das Dreieck sieht sehr realistisch aus und kann nicht realistisch sein. Ein Unding. Und doch ist seine Unmöglichkeit nicht so unmöglich wie die Quadratur des Kreises, die wir uns weder vorstellen noch zeichnen können. Dieses Dreieck kann leicht visualisiert werden, und das ist schon reichlich verrückt. Es gibt Einblick in den unglaublich komplizierten Prozeß, den wir »Sehen« und »Einsehen« nennen.

Das Penrose-Dreieck

Wenn der Mensch immer nur eine Perspektive zu einer Sache einnimmt, dann wundert es wohl niemanden, daß sein Kopf ihm »unlösbare Aufgaben« stellt. Es ist wirklich so: Sein Kopf stellt ihm Fallen. Darin werden aus den Lichtwellen, die erst auf seine Netzhaut, dann auf sein Großhirn wirken, elektromagnetische Erregungsmuster, die der Mensch als etwas Bekanntes wiedererkennt. Nur: Vielleicht ist es auch etwas ganz anderes. Nehmen Sie einen Spiegel, schauen Sie sich die Rückseite des Sachverhaltes an, nehmen Sie einen Joystick, drehen Sie das Bild ... Wie gefällt es Ihnen jetzt?

Praktische Bedeutung

Sie haben ein Problem? Was wäre, wenn Sie die Sache nur problematisch sehen? Wenn beim Sehen immer Konstruktionsabteilungen im Gehirn aktiv sind, dann ist vielleicht nur die Konstruktion problematisch. Das Gehirn bietet uns eine Sicht, eine plausible Sicht, die uns keine Chance bietet: »So, wie ich die Sache sehe, haben wir keine Chance!« Wir können eine problematische Konstruktion durch eine weniger problematische ersetzen.

Erklärungen, die unseren scharfen Verstand nur dazu benutzen, daß wir uns tiefer und tiefer ins eigene Fleisch schneiden, funktionieren wie Fallen: Jede weitere Anstrengung vergrößert den Schlamassel.

Betrachtungsweisen und Erklärungen können wir ändern, wenn wir etwas finden, was wie der Spiegel bei Penroses Dreieck wirkt: »So, wie ich es gestern sah, war die Sache für mich problematisch. Heute sehe ich sie anders und staune über mein Problem von gestern.«

Der Rückwärtsgang

Manchmal ist es so: Man denkt, es sei nicht genug. Dabei ist es das Falsche.

In der Fahrschule habe ich nicht nur Auto fahren gelernt. Eine Anekdote, die der schon betagte Fahrlehrer zur Auflockerung erzählte, werde ich nie vergessen. Der Fahrlehrer fragte uns junge Leute, ob wir wüßten, mit welchem Gang wir einen steilen Berg noch schaffen könnten, wenn der erste nicht stark genug wäre. Damals gab es viele fragende Gesichter. Nun, im Rückwärtsgang hätten wir noch eine echte Chance. Das galt wohl mehr für die Leukoplastbomber der fünfziger Jahre als für die rasanten Geländewagen von heute. Aber den »Rückwärtsgang« als Ultima ratio habe ich seitdem in meinem Repertoire. Rückwärts bergauf. Verkehrt herum als richtiges Verfahren – rückwärts auf das Ziel zu, wenn man vorwärts nicht vorankommt.

Später begegnete mir der Rückwärtsgang noch einmal – höchst nachhaltig. In China, so hörte ich, sagt man, der Weise gehe auch mal rückwärts, um voranzukommen. Rückwärts gehen, um voranzukommen. Unsinn. Oder?

Anders als in der Echternacher Springprozession – drei Schritte vorwärts und zwei zurück –, geht es nicht darum, eine Sache feierlicher zu gestalten, zu verzögern oder unentschlossen die Richtungen zu ändern. Es geht ums Vorankommen. Wenn nicht direkt geradeaus, dann notfalls auch im Rückwärtsgang.

Panik kennt nur Vollgas

Solange die eigenen Dinge gut laufen, wundert sich jeder über die Aufregung des anderen. Wer weiß, was der falsch macht. Vielleicht ist ja seine Nervosität die Ursache, der Zickzackkurs … Der Erfolgreiche hat seine Lösung gefunden und hält sie fest wie der Ängstliche die Armlehne. Und schon schafft das Erreichen einer bestmöglichen Lösung seine eigenen Probleme, denn an einer einmal gefundenen Lösung wird starr festgehalten. Schließlich hat sie ja so lange funktioniert! Funktioniert sie jetzt nicht mehr, dann erhöht der Mensch den Einsatz. Mehr desselben! Er gerät in Panik, wenn er spürt, daß die bewährten Instrumente nicht greifen. Noch mehr Einsatz! Und schon rast er in die Falle. Je weniger die Instrumente greifen, desto weniger begreift der Mensch seine vertrackte Situation.

Stellen Sie sich vor, wieviel Mut und Kraft es erfordert, in einer höchst prekären Lage von etwas abzulassen, ruhiger zu werden und – etwas ganz anderes zu tun! Die versuchte Lösung, die sich als untauglich erweist, muß abgeblockt und durch eine andere ersetzt werden. Und wer will seine eigenen Lösungen blockieren? Sie als Berater, als Verkäufer oder Führungskraft können das bei Ihrem Partner – bei sich selbst ist das fast unmöglich.

Ich bin kein ausgeklügelt Buch …

… ich bin ein Mensch mit seinem Widerspruch.
(Ulrich von Hutten)

Wenn die gewohnten Regeln und Prozesse den Anforderungen nicht mehr dienen, dann bleibt nur noch, sein Heil in Ungewohntem zu suchen, in paradoxen Interventionen.

Die Lösung liegt oft genau dort, wo wir sie gar nicht suchen, vielleicht sogar dort, wo wir die Gefahr vermuten. Tollkühn in diese Richtung zu gehen, das eröffnet uns die Chance, mit Gefahr und Untergang völlig überraschend fertig zu werden.

Fragen Sie einen Piloten, er wird Ihnen bestätigen, daß dieses Prinzip auch im Cockpit lebensrettend wirkt. Wenn ein Flugzeug in Turbulenzen gerät, so arg, daß es seine Stabilität verliert, dann scheint es das Vernünftigste zu sein, die Maschine hochzureißen, weg vom Verhängnis, weg vom Boden. Und genau das verschlimmert die Sache. Man wird abstürzen, todsicher, weil die Maschine Geschwindigkeit verliert. Und nur mit zunehmender Geschwindigkeit gewinnt sie Stabilität. Und schneller wird sie eben nur dann, wenn es – zunächst – nach unten geht. Wenn der Horror vor der Tiefe den Sturzflug nicht verhindert, dann werden Sie überleben.

Mit diesem haarsträubenden Verhalten, das jeder natürlichen Reaktion zuwiderläuft, fangen Sie sich wieder, wenn Sie in Turbulenzen geraten.

Was uns offenkundig, klar und eindeutig erscheint, hat sich oft schon bewährt – so scheint es jedenfalls. Sie kennen die Geschichte von dem Mann in der Fußgängerzone einer deutschen Großstadt: Alle hundert Meter bleibt er stehen und klatscht ein paarmal in die Hände, dann geht er weiter. Ein Fremder wundert sich über das Verhalten und erkundigt sich, warum der Mann das denn tue.

»Nun«, antwortet der, »damit vertreibe ich die Tiger.«

»Aber hier gibt es doch gar keine ...?!«

Mit einem verschmitzten Lachen sagt der Mann: »Sehen Sie!«

Die Lösung ist das Problem. Je öfter der Mann in die Hände klatscht und (folglich!) keinen Tiger sieht, desto öfter wird er darin bestätigt, daß sein Verhalten sinnvoll und zweckmäßig ist. Die Sache wäre ein Witz, wenn wir nicht alle mit dieser Technik Tag für Tag unsere eigenen »Tiger« vertrieben. So glaubt vielleicht jemand, mit einem oder zwei Gläschen Alkohol seinen Streß abbauen zu können, bis der Alkohol die Rolle des Händeklatschens übernimmt. Er wird das Problem. Die falsche Lösung.

In der Wirtschaft kann der Tiger ganz anders aussehen.

Stellen wir uns ein Unternehmen vor, das seine Produkte immer raffinierter verpacken will. Die Entwicklung der High-Tech-Verpackung beschäftigt viele Menschen und bindet viel Kapital. Jeder Fortschritt führt zu Jubel, wieder ist eine Schlacht geschlagen. Nur, darum geht es dem Markt längst nicht mehr: Überhaupt keine Verpackung wäre das, was die Konsumenten wollen. Immer mehr von ihnen entscheiden sich für Produkte des Wettbewerbs, weil sie Müll sparen wollen. Die Lösung ist das Problem.

Was ist zu tun?

Abkehr vom eingeschlagenen Weg, weniger desselben, am besten das Gegenteil dessen, was man schon immer getan hat – das ist das Ende des Händeklatschens. Sein eigenes Handeln umzukehren gehört zu den schwierigsten Aufgaben, die dem Menschen gestellt werden können. Vermutlich ist es nur möglich, wenn das Leben an Wendepunkte gerät. Warum sollte der Mann in der City nicht mehr klatschen? Weil andere lachen? Nun, die anderen wissen es nicht besser. Er sieht doch seinen Erfolg! Keine Tiger!

Wenn Sie Ihren Kunden dazu bewegen wollen, sein Tun umzulenken, dann brauchen Sie eine Idee, wie Sie das Händeklatschen blockieren können. Wenn dann nämlich nach einiger Zeit »keine Tiger kommen«, dann ist das Klatschen offenkundig nicht not-wendig (es wendet keine Not ab). Es kann unterbleiben – ohne Angst auszulösen.

Was bedeutet das für Ihre Arbeit?

Wenn Sie beobachten, wie sich Unternehmen verhalten, die ihre Messe-Aktivitäten planen, dann fällt Ihnen bestimmt dieses Bild wieder ein. Das Messeziel heißt: mehr verkaufen! Und damit das möglich wird, müssen mehr Besucher an den Stand gelockt werden. Schön, daß es Multimediakonzepte gibt! High-Tech, wohin man schaut. Tumultuöse Verhältnisse, rappelvoller Stand und rekordverdächtige Besucherzahlen. Aber nicht mehr Umsatz. Das Standpersonal hat stramm zu tun, um die Performance aufrechtzuerhalten, die Handhabung zu erklären und sogar Autogramme zu holen, wenn Stars den Messestand vergolden. Der Wettbewerb grollt vor Neid, die Besucher strahlen, nur die Auftragsbücher füllen sich nicht. Wenn man Pech hat, wenden sich Kunden, die mit fester Kaufabsicht gekommen sind, beim Anblick des Trubels sogar ab und suchen verschreckt das Weite.

Gegen Tiger hilft das Händeklatschen nicht – und gegen leere Auftragsbücher hilft Multimedia nicht. Mehr Multimedia ist wie mehr Händeklatschen.

Weniger desselben wäre mehr. Mehr persönliche Ansprache und Kontaktaufnahme in anregender Atmosphäre – so macht man Geschäfte. So macht man Geld.

Der Systemische Markt – Handeln im Kontext

Das Drumherum entscheidet, wie wir etwas sehen. Der Kontext bestimmt, wie wir eine Sache beurteilen.

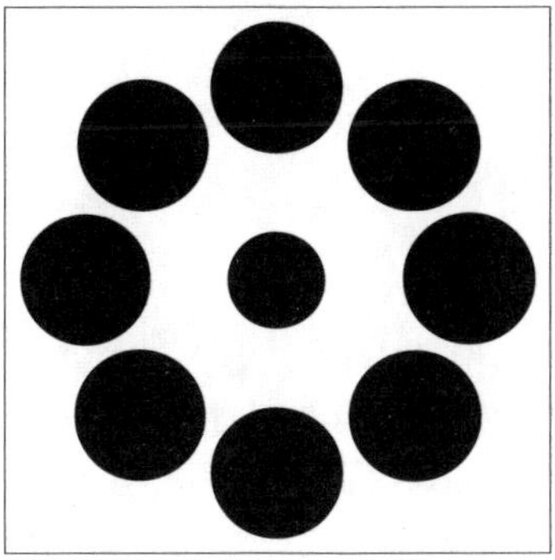

Der mittlere Kreis erscheint uns klein, wenn große ihn umgeben,

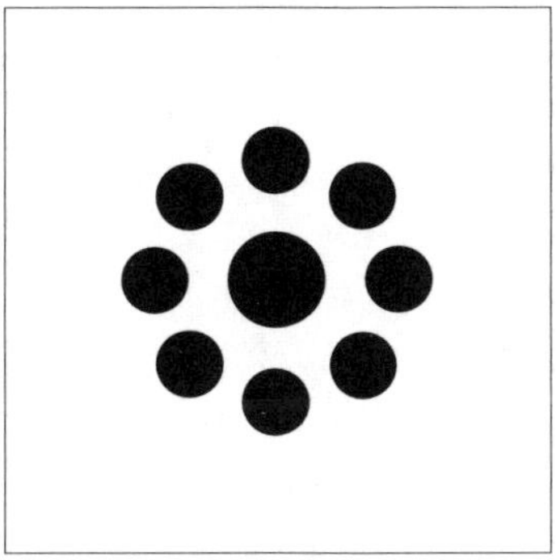

und groß, wenn kleinere um ihn herum stehen.

Mittelgrau wirkt neben Weiß dunkel, dasselbe Mittelgrau wirkt neben Schwarz aber hell.

Auch moralische Urteile fallen in einem veränderten Umfeld anders aus. Der Bertolucci-Film »Der letzte Tango« erregte vor fünfundzwanzig Jahren den italienischen Staat so sehr, daß der Regisseur zu zwei Jahren Haft verurteilt wurde. Heute kann man den Film ohne zu erröten in einem Mädchenpensionat vorführen.

Die Sicht hat sich verändert. Verändert sich die Sicht, verändert sich die Welt. Das Weltbild.

Alles, was »schon immer« so war, erscheint uns als unabänderlich und gottgegeben. Wir sind daran so gewöhnt wie an unsere Körpergröße. Unsere Augen empfangen die Lichtwellen im statistischen Mittel in ungefähr 1,70 Metern über dem Boden. Und das – sobald der Mensch ausgewachsen ist – »schon immer«. Würde sich das geringfügig verändern, dann erschiene uns die Welt »ver-rückt«. Wir müßten uns erst an das neue Bild gewöhnen – und das wäre höchst unbequem. Unsere Perspektive reagiert empfindlich: Bezugspunkte bieten uns lebenswichtigen Halt.

Der wichtigste Bezugspunkt : die Menschen. Unsere Zeitgenossen, mit denen wir handeln und verhandeln, Geschäfte machen oder auch nicht, sie wirken genauso entscheidend auf unser Verhalten wie wir auf sie. Wer will behaupten, der Pluspol sei in einem Stromkreis wichtiger als der Minuspol? Beide bedingen einander. Diese Wechselseitigkeit können wir nicht ausschalten oder überwinden. Wir können nur intelligent und zielorientiert damit umgehen.

Jeder Markt hat seine Gesetze und seine Logik, seine Erklärungen. Das goldene Zeitalter der Verkäufer heißt in den Lehrbüchern »Verkäufermarkt«. Das herstellende oder verkaufende Unternehmen bestimmte das Geschehen. Das Monstrum Vorwand träumte noch in embryonalem Zustand von zukünftigen Eskapaden. Der Kunde hatte entweder die Kaufkraft, das zu kaufen, was er brauchte, oder nicht. Und er brauchte (fast) alles. Das Land und seine Güter waren verbrannt, das Geld knapp und die Wünsche uferlos. Wer etwas zu verkaufen hatte, wurde es los.

Der Käufermarkt schließlich bescherte dem Verkäufer die Alpträume, von denen er sich bis heute nicht erholt hat. Nach und nach wurde der Kunde wählerisch. Er konnte endlich den unangenehmen Verkäufer abblitzen lassen – und das tat er mehr oder weniger rücksichtsvoll. Die Blütezeit der Vorwände.

Doch längst haben wir neue Marktparameter. Gegenwärtig geschieht Erstaunliches. Der Kunde verzichtet auf Vorwände und bemüht sich gar nicht um den Schein von Rationalität. Er räumt ein, daß der Anbieter die besseren Produkte, Konditionen, Argumente etc. hat. »Und dennoch ...« Eindeutige Klärungen klären nicht mehr unbedingt, Zuneigung und Anhänglichkeit geben den Ausschlag, Beziehungen regeln den Markt. Ein System funktioniert nach ganz eigenen Regeln, es stagniert, entwickelt sich oder bildet Pathologien[1] aus. Wie ein lebender Organismus. Das Verhalten des einzelnen kann nicht mehr isoliert betrachtet und verstanden werden, nur noch das soziale System, in dem er handelt.

Die Welt ist kein Räderwerk und das Unternehmen kein Puzzle. Der Markt besteht nicht aus einzelnen Elementen, und menschliche Beziehungen lassen sich nicht programmieren. Verkaufen und Führen sind nicht nur zweiseitig, sondern komplex vernetzt. Jedes Meinen und Tun hat Wirkungen, die in alle Richtungen ausstrahlen. Oft dauert es längere Zeit, bis wir die Auswirkungen erkennen. Und dann bringen wir das eine nicht unbedingt mit dem anderen zusammen. Uns fehlt der Überblick. Und wen wundert es, denn wir sind selbst Teil des Systems.

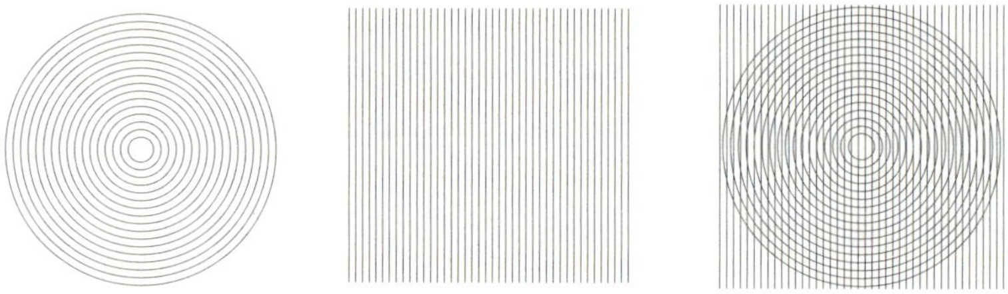

Es ist nicht mehr zu übersehen, daß alle Phänomene der Wirtschaft mehrere Ursachen haben: Pleiten, Unfälle, Verträge ... Das deterministische Weltbild[2] mit den bekannten Zusammenhängen von eindeutiger Ursache und ebenso eindeutiger Wirkung bricht zusammen. So einfach geht es nicht mehr.

Legen wir für unsere Überlegungen einen schönen großen Teich an. Mit Fischen. Sobald die Anlage sich stabilisiert, die Pflanzen wachsen und die Fische sich vermehren, beobachten wir den Fischbestand. Wir zählen die Karpfen und stellen fest, daß die Zahlen schwanken. Solange wir nur die Karpfen beobachten, werden wir nur phantasievolle Erklärungen für das Phänomen finden. Dann bringt uns jemand auf die Idee, Raubfische mit in die Beobachtung einzubeziehen. Die Hechte! Und schon verstehen wir, daß die Beutefische und die Raubfische wechselseitig auf die Population Einfluß nehmen. Schön übersichtlich. Nur was, wenn ein Reiher mal Karpfen, mal Hechte herausholt? Die Angler nur Hechte nehmen, dafür aber die Reiher vertreiben? Das System bekommt zu viele Elemente.

Mathematiker kennen die Unmöglichkeit, ein System mit vielen Unbekannten zu erfassen und zu berechnen, besonders dann, wenn sie mehrfache Beziehungen untereinander haben. Sogar in der Mathematik gibt es dann nur noch Wahrscheinlichkeiten. Näherungen und Unschärfen begleiten den Versuch, Ordnung in das Gewirr zu bringen.

Eins hängt vom anderen ab, jede Wirkung wirkt auf die Ursache zurück. Versetzen Sie sich in eine dichte Menschenmenge. Sie stehen eng beieinander. Jeder will sehen, was ganz vorn vor sich geht. Natürlich stellen Sie sich auf die Zehenspitzen, recken den Hals. Und schon können Sie viel besser sehen. Das funktioniert gut. Bis die anderen dasselbe tun. Schließlich steht die Menge auf Zehenspitzen – und sieht nicht besser als vorher. Nur unbequemer.

Jeder einzelne verhält sich nachvollziehbar rational. Und doch ist das Ergebnis schlecht.[3]

Jeder heißlaufende Markt gerät ins Stolpern, wenn die Nachfrage noch heftiger wird und der Nachschub stockt. Einer gibt dem anderen die Schuld für die Entwicklung. Und doch ist keiner allein verantwortlich, und kaum einer reagiert vernünftig. (Senge rät zur Aspirin-Regel: Nimm ein Aspirin und warte ab!)

Es gehört zu den Wunschträumen der Menschen, die Vorgänge des Marktes auf simple Strukturen zu reduzieren, zum Beispiel auf transparente und eindeutige Verkäufer-Käufer-Beziehungen. Es bleibt ein naiver, schöner Traum. Selbst wenn eine Stammkundenbeziehung grundsolide und dauerhaft besteht, spielen die Wettbewerber heimlich und kräftig mit: Die bloße Gegenwart eines anderen führt zu wechselseitiger Beeinflussung. Das trifft sogar dann zu, wenn es noch nicht einmal zum Kontakt kommt. Allein die Tatsache, daß es weitere potentielle Partner gibt, beeinflußt die Beziehung. Beispiel: Ein Mensch sitzt allein in einem geschlossenen Raum. Würde er weiterhin in der Nase bohren, wenn jemand einträte?

Was bedeutet das für Ihr Unternehmen?

Am Beispiel eines unmotivierten Mitarbeiters läßt sich der systemische Ansatz gut darstellen. Er arbeitet nicht mit dem erforderlichen Drive. Er ist ein Problem. Sie fragen nach seiner Qualifikation, nach dem Führungsstil seines Vorgesetzten, nach dem Entlohnungsprinzip. Doch der Blick auf eine Ursache allein führt in den meisten Fällen nicht aus der Misere. Auch wenn es kompliziert, mühsam und zeitaufwendig ist, finden Sie die Lösung überhaupt nur in der gleichzeitigen Betrachtung zahlreicher Faktoren. Das heißt »systemisch denken«. Der Mitarbeiter macht sich – so wie alle im System tätigen Menschen – Gedanken über seine Situation, er deutet das Geschehen, bewertet die Glaubenssätze des Unternehmens, also die Regeln und Überzeugungen des Systems. Wer etwas verändern will, greift am besten hier ein. Deutungen und Bedeutungen kann man vornehmen und umgestalten.

Und das geht schnell. Oder haben Sie noch nie gehört, daß jemand durch die beiläufige Bemerkung eines Menschen gravierend beeinflußt worden ist? »Man sagt, diese Frau hätte es nur auf dein Geld abgesehen.« Und schon leidet die Beziehung.

Wie kommt das? Es spricht viel dafür, daß es außer der Wirklichkeit, die wir sehen, fühlen, hören können, noch eine zweite gibt. Wer seine Sinne beisammenhat, kann sehen, daß der Kollege Amann jeden Tag Überstunden macht. Fragt man die anderen, warum er das wohl tue, geht die Gemeinsamkeit verloren.

»Weil er Geld braucht«, sagt Bemann.

»Weil er Eindruck schinden will«, sagt Cemann.

»Weil er tagsüber zu faul ist«, sagt Demann.

»Weil er von Ehrgeiz zerfressen ist«, sagt Emann.

»Weil er Junggeselle ist«, sagt Effmann.

»Weil er einsam ist«, sagt Gemann.

»Weil er uns kontrollieren will«, sagt Hamann.

Daß er länger dableibt, steht nicht zur Diskussion. Wohl aber der Grund. Der Sinn. Seine Absicht. Als Führungskraft oder Verkäufer brauchen Sie diesen Hebelpunkt. Vielleicht benutzen Sie die Hypothese: »Was wäre, wenn er es aus ... täte?« – »Wie würden Sie ihn behandeln, wenn er es aus ... täte?« Manchmal braucht man es nur einmal nachhaltig zu sagen, wie ein Selbstgespräch, wie ausgesprochene Gedanken, und schon beginnen die handelnden Personen einander anders zu behandeln.

Wahrheit hängt davon ab, wie Fakten bewertet werden. Das Verhalten der Menschen auch.

Von Zwick und anderen Mühlen

Helden der Antike hatten noch Format. Sie wurden von den Göttern selbst in tragische Verstrickung geführt. Was immer sie taten, sie wurden schuldig. Das Verhängnis war so gigantisch, wie es sein muß, wenn die Götter selbst so etwas aushecken. Wer von uns Irdischen könnte da mithalten? Aber wir haben unsere Lektion gelernt. Zwischen Tür und Angel führen wir auf, was täglich zum menschlichen Tragödchen gerät.

»Widersprich mir doch einmal, verdammt noch mal!«
»Ja, Mama.« (1. Möglichkeit)
»Ncin, Mama.« (2. Möglichkcit)

Unser Opfer bleibt der dumme August, zum tragischen Helden reicht es nicht. Was soll es tun? Stimmt es zu, widerspricht es nicht. Lehnt es ab, gehorcht es. Und das ist auch kein Widerspruch.

Eine Zwickmühle[4], so nennt der Volksmund das, was die Wissenschaft mit Double-bind-Situation bezeichnet. Sie fängt den Mühlespieler so mißlich ein, daß er bei jedem Zug einen Stein verliert. Und ziehen muß er.

Was bedeutet das für Ihre Arbeit?

Wenn Sie schon einmal in einer Klemme gesteckt haben, vielleicht weil so Bedeutsames wie Ihr Image auf dem Spiel stand, dann können Sie diese Beziehungsfalle selbst bauen und den anderen hineintappen lassen. Und Sie sind fein raus.

Eine besonders wirkungsvolle Technik wandte der Gastwirt an, der seine Gäste in einem piekfeinen Schlemmerlokal verwöhnt. Ein Reporter wollte ihn mit einer höchst prekären Frage aufspießen: »Was tun Sie, wenn ein Gast ein Gericht zurückgehen läßt?« – »Nun, ich mache kein Aufsehen. Das geschieht ohnehin nur bei Gästen, die sich nicht auskennen …«

Wenn der Gast trinkt und ißt, alles bezahlt, dann ist alles in Ordnung. Wenn es dem Gast aber nicht schmeckt, warum auch immer, dann bestätigt er dem Maître und dem Personal, daß er ein heilloser Banause ist. Wer will dann noch reklamieren? Nur wenige Menschen werden sich überhaupt fragen, ob das Essen vielleicht wirklich schlecht sein könnte.

Jetzt hat sich die Falle umgedreht, und der Widersacher sitzt darin. Elegant, sogar spielerisch kippt die Situation. Wer in eine Falle geraten soll, darf das nicht merken. Jedenfalls nicht vorher.

In einer Führungssituation brechen Sie paradoxe Strukturen mit einer ähnlichen Technik. So sagen Sie vielleicht einer widerstrebenden Gruppe von Menschen: »Ich möchte hervorheben, daß ich von der Anwendung dieses Verfahrens all denen abrate, die zu aufrichtig sind, Spiele zu spielen, das heißt, die es vorziehen, das Spiel des Nichtspielens von Spielen zu spielen.«[5]

Der Satz spielt nicht nur reichlich das Spiel: »Wie verschachtele ich am besten?« Er zwingt auch diejenigen, die sich nicht verstellen wollen, die anderen nichts vor-spielen wollen. Er zwingt sie, das Spiel des Nichtspielens zu spielen.

Das ist alles nicht vernünftig? Wofür ist das wichtig? Der Vernunftbegriff wirkt inzwischen magisch wie ein Gütesiegel. Die Physik, die strengste und präziseste aller Naturwissenschaften, hat gelernt, mit Paradoxien umzugehen. Sie hat gelernt, Zwiespältigkeiten mehr zu schätzen als blinden Formelglauben. Lassen wir uns dadurch ermutigen! Warum sollte das in der Wirtschaft nicht funktionieren?

Es gibt keine unmittelbare Entsprechung zwischen dem Vernünftigen und dem Wirklichen. Was hilft es Ihnen, vernünftig zu wirken, wenn Sie nichts Vernünftiges bewirken?

In der Wirtschaftsliteratur gilt es als Tatsache, daß der Kunde mit einem Problem zum Verkäufer kommt und erwartet, daß sein Problem gelöst wird. Immer häufiger verhalten sich Kunden so, als wollten sie nicht die Lösung des Problems, sondern als wollten sie nur den Fachmann scheitern lassen. Das wäre dann ein großartiger Beweis, daß das Problem unlösbar ist. Der »gesunde Menschenverstand« erzeugt dann ein Spiel ohne Ende, das Ja-aber-Spiel. Ratschlag und Widerlegung überbieten sich gegenseitig. Die scheinbar absurde Frage: »Warum sollten Sie sich (oder das) ändern?« bringt eine Karte ins Spiel, die nicht eingeplant war.

Was ist zu tun?

In unserem Kulturkreis haben wir uns angewöhnt, mit Gegenmaßnahmen auf Störungen zu reagieren, also mit viel Vernunft auf viel Unvernunft. Damit scheitern die Partner gründlich und sicher. Oder sind Sie schon einmal jemandem begegnet, der »Vernunft angenommen hat«, nachdem man ihm gründlich die Leviten gelesen hat?

Versuchen Sie doch einmal Gleiches mit Gleichem zu heilen, Ähnliches mit Ähnlichem. Treiben wir Beelzebub, den Oberteufel, mit einem kleinen Teufelchen aus. Rücken wir der Paradoxie mit der Paradoxie selbst zuleibe. Der heimtückischen Falle mit einer harmlosen, künstlichen Paradoxie. Ein neues Paradoxon muß her, das das alte durchkreuzt.

Als 1616 die japanische Obrigkeit die Christen verfolgte, ließ sie sie wählen zwischen dem Henkertod und dem Abschwören. Dieses Abschwören enthielt eine bemerkenswerte Eidesformel: die christliche.

Raffiniert oder naiv? Glauben die Machthaber selbst an die Verläßlichkeit der christlichen Ethik? Sollen die abtrünnigen Christen den Christengott als Zeugen dafür anrufen, daß sie seine Existenz leugnen? Hätte eine Eidesformel, die die göttliche Instanz anruft, an die die Japaner glauben, für (ehemals) gläubige Christen mehr Verpflichtung? Oder gar keine?

Es ist verboten, etwas zu verbieten

Und noch eine Bitte: Lesen Sie diesen Satz nicht! In diesem Buch sind keine Irrtümer enthalten – außer diesem hier. Alle Verallgemeinerungen sind falsch, sogar diese.

Jetzt geht es richtig rund mit unserem Verstand. Wenn sich der Verstand im Kreis dreht, wird vielen schwindelig. Jeder von uns kennt paradoxe Sätze wie diese, und doch verdrehen sie uns meistens so gründlich den Kopf, daß wir sie nicht sofort erkennen. Die Paradoxie bringt (vermutlich) unsere linke Gehirnhälfte zur Verzweiflung. Es stimmt einfach so und anders nicht, und wir können nicht genau sagen, warum. Das älteste und bekannteste Beispiel ist das vom Kreter, der sagt: »Alle Kreter lügen.« Entweder er sagt die Wahrheit, dann lügt er. Oder er lügt, dann sagt er die Wahrheit. Dem logischen Denken wird übel.

»Ich bin ja so froh, daß ich keinen Spargel mag! Denn wenn ich Spargel mögen würde, müßte ich ihn auch essen – und ich kann Spargel einfach nicht ausstehen!«[6]

»Wenn es nicht so wäre, wie es ist, würde ich Ihnen sagen: ›So ist es.‹«

Keine Regel ohne Ausnahme

Diese Fallen, in die ein Mensch geraten kann, lassen drei Bausteine erkennen – wenn man Pech hat, kommen alle drei zugleich darin vor:

1. Der bedauernswerte Mensch steckt in einer Beziehung, die dadurch gekennzeichnet ist, daß die Partner ihren Umgang komplementär gestalten. Es besteht ein Gefälle an Kompetenz, Macht oder Kraft zwischen ihnen: Ein Vorgesetzter hat in der Regel die Macht, ein Kunde wahrscheinlich auch, eine Koryphäe die Kompetenz ... Und die blassen Partner spielen »passend« mit, indem sie den anderen bestätigen, sich fügen oder leise murrend ertragen.[7]
2. Die Mitteilung oder Aufforderung ist in sich widersprüchlich. Sie verneint, was sie sagt, und sie sagt, was sie verneint. Der Befehl muß befolgt werden, darf aber nicht befolgt werden, um befolgt zu werden. Dieser Widerspruch kann ganz deutlich auftreten oder raffiniert verschleiert.

3. Das Opfer steckt in einer Situation, die sich nicht vermeiden läßt. Es erlebt sich als Mitläufer in einem Teufelskreis, und es kann weder stehenbleiben noch beschleunigen. Alle so geschaffenen Probleme drückt das Ausmaß der Unausweichbarkeit. Sonst wären es keine. Man könnte einfach darum herumgehen.

Wer von einem anderen Menschen, der für ihn eine große Bedeutung hat, eine Aufforderung zum Handeln bekommt, die eine bestimmte Handlung sowohl verlangt als auch verbietet, wird in eine verrückte, paradoxe Situation gebracht. »Tu, was ich sage, und nicht, was ich möchte.« Oder auch umgekehrt. Im Film ruft die eifersüchtige Frau, die ihren Mann öfter mal zu Hause haben möchte: »Geh und komm nie wieder!« Er muß durch Ungehorsam gehorchen – oder umgekehrt.

Der Mensch in der inferioren Position[8] kann oder darf die Absurdität nicht kommentieren: »Höre, mein Kind! Man soll nie ›nie‹ sagen.« Das Kind verstummt irritiert. Etwas stimmt da nicht, aber was? Und wie soll es das ausdrücken?

Was bedeutet das für Ihre tägliche Arbeit?

Die Zeiten sind schlecht – und die Lieferzeiten von Mercedes so lang wie nie.

Verborgen ist die Struktur oft, durchschaut wird sie nur von dem, der weiß, wonach er sucht. Hersteller hochwertiger Produkte führen oft eine No-Name-Linie neben ihrem Imagesortiment. Als kleines Zubrot, als willkommene Absatzschiene von Überhängen oder Auslaufmodellen. Denkt man. Eine Nebensache eben.

So macht es auch ein Ersatzteillieferant für eine Automobil-Nobelmarke. Original-XY-Teile. Und das gleiche under cover. Also ein ganz und gar gängiges Verhalten. Doch nein. Die Verhältnisse stimmen nicht. Er macht nämlich das eigentliche Geschäft mit der No-Name-Linie. Das darf sich nur nicht herumsprechen. Schon gar nicht bei dem Imageträger. Das Nebenbeigeschäft ist der Cash-Flow-Faktor Nummer eins. Das funktioniert nur, weil der Anbieter der Versuchung widerstehen kann, diesen stolzen Erfolg an die große Glocke zu hängen.

Die wirtschaftliche Gesamtsituation scheint ein Gewebe zu sein aus verborgenen und offenliegenden Strängen. Zieht man an einem, verwirrt sich anderes. Information und Energie, Nähe und Ferne, aber auch Mittelbarkeit und Unmittelbarkeit der Beziehungen entscheiden über den wirtschaftlichen Erfolg.

Noch etwas: Antworten Sie jetzt bitte nur mit »Ja« oder »Nein«! Ist das nächste Wort, das Sie sagen wollen, »nein«? (Dann müssen Sie »ja« sagen, und dann ist das nächste Wort eben nicht »nein« ...)

Die Zeitmaschine ist jetzt zum Einsteigen bereit

Zeitmaschinen produzieren keine Zeit, sie tragen den Zeitreisenden in die Vergangenheit oder in die Zukunft. Kein Wunder, daß die Ingenieure sie bisher nicht erfunden haben. Wir sitzen nämlich schon darin. Jeder von uns reist in die Vergangenheit, wenn er sich träumend an früher erinnert – und jedesmal die Ereignisse dabei etwas umschreibt. Keiner von uns speichert das Erlebte und Geschehene objektiv ab. Früher war alles viel schöner. Oder? Wer schon einmal erlebt hat, daß die menschliche Wahrnehmung hier und jetzt nicht objektiv ist, nicht objektiv sein kann, wundert sich überhaupt nicht, daß die Erinnerung zurechtgestutzt wird. Der Mensch betreibt mit jeder Reise in die Vergangenheit private Geschichtsfälschung.

Und wie sehen die Reisen in die Zukunft aus?

Ein respektabler Bekannter erzählte mir vor Jahren, daß er – ein stets nüchterner, resoluter Mensch und mit beiden Beinen fest auf dem Boden stehend – in seiner Jugend einer Wahrsagerin begegnet sei. Diese Frau habe frappierend zutreffende Prophezeiungen getan. »Ich habe staunend gehört, daß ich eine außergewöhnliche Berufswahl treffen und ein beträchtliches Vermögen verdienen werde. Immer mehr der anderen Ankündigungen hatten sich bereits erfüllt. Nur diese eine noch nicht. Da habe ich von einem Tag auf den anderen gewußt, daß mein eingeschlagener Weg mich nicht mehr befriedigt. Ich spürte den Drang, meine Arbeit grundlegend zu verändern. Ich habe neue, riskante Angebote angenommen, Neues gesucht. Die Sicherheit, das Richtige zu tun, hat mich in jedem Schritt bestätigt. Nun ist es so weit, daß auch Neidhammel zugeben müssen: Ich habe es zu Geld gebracht.«

Keiner kennt die Zukunft. Auch die erwähnte Wahrsagerin nicht, davon bin ich überzeugt. Aber ihr verdankt der Mann seinen Porsche. Er hat ihre Prophezeiung geglaubt. Er hat an seinen Erfolg geglaubt. Was schiefging, zählte nicht. Was konnte ihn aufhalten? Er hatte die Fahrkarte in eine brillante Zukunft in der Hand. Für ihn zählte nur das, was ihn weiterbrachte. Fehlschläge berührten ihn nicht, Erfolge »bewiesen«, wie recht die Wahrsagerin hatte. Es konnte nur vorwärtsgehen.

Sollen wir uns einmal ausmalen, was aus ihm geworden wäre, wenn ihm ein lauwarmes Durchschnittsleben verkündet worden wäre? Erfolge hätten nicht gezählt, er hätte eben mal Glück gehabt. »Ein blindes Huhn findet auch mal ein Korn.« Jede vergebliche Anstrengung aber hätte ihn in der Gewißheit bestärkt: Du bist wirklich nur Durchschnitt!

Was auch immer eine Prophezeiung enthält, wenn der Mensch daran glaubt, erfüllt sie sich mit hoher Wahrscheinlichkeit. Jedenfalls in den Fällen, die der Mensch beeinflussen kann. Und das ist eine gigantische Möglichkeit.

Eine Prophezeiung, der man Glauben schenkt, wirkt wie die Zeitmaschine. Die zeitliche Abfolge bleibt zwar gültig, aber Ursache und Folge fallen heraus. Die Folge (= der Erfolg) tritt ein, weil der Mensch daran glaubt. Sie wird zu ihrer eigenen Ursache.

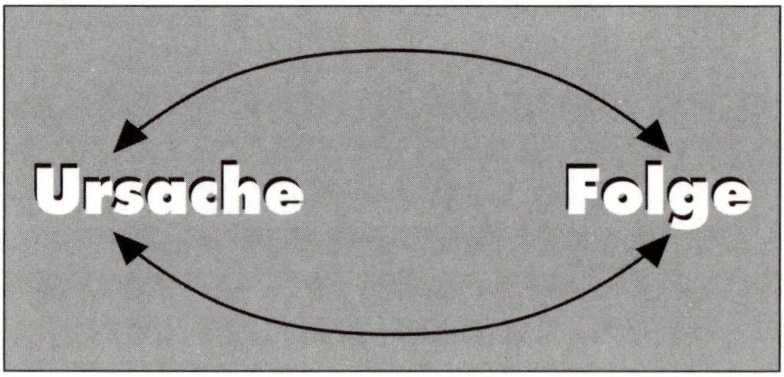

Glauben Sie, was Sie wollen, Sie werden recht bekommen.

Was bedeutet das für Ihre Arbeit?

In der Wirtschaft tummeln sich sich selbst erfüllende Prophezeiungen wie Bakterien im Whirlpool.

Wenn eine hinreichend große Anzahl von Menschen glaubt, daß eine bestimmte Aktie steigen wird, wird sie in einem solchen Ausmaß gekauft, daß ihr Wert steigt!

Auch Waren verknappen sich aus demselben Grund. Ein TV-Moderator gibt mit offiziellem Habitus die Presse-Information, es werde einen Engpaß in der Versorgung mit Toilettenpapier geben. Und wieder wird die Nachricht von vielen geglaubt, Toilettenpapier wird gebunkert. Der Engpaß ist da.

Pfiffige Werbung funktioniert nach diesem Prinzip. »ARD ... das will ich sehen.« Und die Einschaltquoten steigen.

In der Mitarbeiterführung können Sie sich selbst erfüllende Prophezeiungen täglich beobachten. Jeder kennt ähnliche Fälle wie den der freien Journalistin, die für die Pressearbeit eines großen Unternehmens zuständig war. Ihre Arbeit stellte alle zufrieden. Eines Tages wurde ein neuer Mitarbeiter eingestellt, der sich schon mit zahlreichen Veröffentlichungen profiliert hatte. Buchstäblich aus dem Nichts stieg der Argwohn in der Journalistin auf: »Der soll meinen Job machen. Ich bin doch nicht blöd und merke nicht, daß ich ausgebootet werden soll. Dem soll ich noch zuarbeiten? Nie!« Sie blockiert, jemand nennt sie »in letzter Zeit schwierig«. Die Zusammenarbeit wird allmählich kompliziert, schließlich unmöglich.

Ein Unternehmer, der fest davon überzeugt ist, daß er und die Menschen in seinem Unternehmen das Zeug dazu haben, alle Aufgaben zu lösen, der wird es viel eher schaffen, als wenn er voller Selbstzweifel und Argwohn den Markt betrachtet. Diese starken Persönlichkeiten füllen unsere Seminare, weil sie offen sind für Erfahrungen und Erfahrungsaustausch. Sie investieren in sich und ihre Mitarbeiter, sie handeln, wenn andere schon resignieren. Und sie schaffen es.

Und wie ist das im Verkauf? Manche Verkäufer halten erstaunlich wenig von ihren Kunden. Sie unterstellen ihnen Boshaftigkeit, Ignoranz, Habgier und sogar Betrugsabsichten. Wie sollten sie diese Kunden höflich, freundlich und sogar verbindlich bedienen können? Jeder Versuch, den Kunden zu dienen, ekelt sie an: »Ich spiele denen doch was vor.« – »Ich heuchele.« – »Ich habe es gar nicht nötig, solchen Figuren gegenüber devot zu kriechen.« Wer zu ihnen ins Geschäft kommt, spürt es, sieht es, hört es. In einer feindseligen Atmosphäre reagiert jeder automatisch feindselig. Der Verkäufer hat recht. Nein, das stimmt nicht. Er behält recht.

Umgekehrt behält auch der Verkäufer recht, der seine Kunden respektiert und schätzt. Je besser er von ihnen denkt, desto besser behandelt er sie. Je besser er sie behandelt, desto sympathischer reagieren sie.

Eine Führungskraft nimmt die Leistungsmentalität[9] ihrer Abteilung mit, wenn sie versetzt wird. Was sie von ihren Mitarbeitern hält, bestimmt, was diese leisten! Wer die Menschen in seiner Abteilung für Vollidioten hält, deren Verantwortungsgefühl so ausgeprägt ist wie das eines volltrunkenen Gewaltverbrechers, der geht entsprechend mit ihnen um – und erhält zwangsläufig ein entsprechendes Arbeitsergebnis.

Die sich selbst erfüllende Prophezeiung ist eine Wirklichkeitskonstruktion mit ungeheurer Effektivität. Das hat vor allem zwei Gründe:

1. Sobald ein Mensch die feste Überzeugung gewonnen hat, daß etwas ganz Bestimmtes geschehen wird, ergreift er genau die Maßnahmen, die zu dem erwarteten Ereignis führen.
2. Wer ein bestimmtes Ereignis erwartet, richtet sein eigenes Verhalten bewußt oder unbewußt danach aus, provoziert dadurch entsprechende Reaktionen der anderen Menschen und verursacht auf diese Weise erst das erwartete Ereignis.

Das stellt unser vertrautes Verhältnis von Ursache und Wirkung auf den Kopf. Genauso, wie jede Ursache eine Wirkung bedingt, wird jede Wirkung ihrerseits zu einer Ursache und wirkt damit auf ihre eigene Ursache zurück.

Fazit: Etwas wird also wahr, weil es prophezeit wurde oder erwartet wird.

Wer schlimme Zeiten auf sich zukommen sieht, spart sicherheitshalber. Wer den Mut sinken läßt, sein Heil im Sparen sieht, der verhindert seinen Erfolg. »Wir müssen sparen, koste es, was es wolle.« Er investiert nicht mehr in seine Zukunft, weder Kapital noch Kreativität, weder Klugheit noch Kraft. Er gleicht einem Piloten, der in der Luft die Motoren abstellt, um Treibstoff zu sparen.

Wer hat angefangen?

Erinnern Sie sich? Als Kind hatten Sie immer den sicheren Eindruck, die anderen waren es, die angefangen haben. Vielleicht ist das sogar heute noch so. Die anderen haben uns provoziert, haben so komisch geguckt, so blöd gegrinst ... Mit anderen Worten: Unsere Aggression ist nur Verteidigung, Antwort und Reaktion. Erstaunlich ist nur, daß die anderen genau das auch von sich fest glauben!

»Gleichgültig, wie langsam ich auch ging, du bliebst einige Schritte hinter mir.« – »Das ist nicht wahr! Wie sehr ich mich auch beeilte, du hieltest dich immer mehrere Schritte vor mir.«

Konflikte dieser Art leiten sich ab aus der Frage: Was war zuerst da? Sie wissen schon: Henne oder Ei? Wir neigen dazu, nach einer Ordnung im Ablauf der Geschehnisse zu suchen. Sobald wir eine solche Ordnung in die Wirklichkeit hineingelesen haben, wird diese Welt-Anschauung durch unsere subjektive Wahrnehmung auf magische Weise selbstbestätigend. Wir wählen aus der Fülle der Informationen nur

die aus, die in dieses Konzept hineinpassen. Wir deuten und deuten um. Was uns nicht paßt, fällt der Zensur zum Opfer, das blenden wir aus. Wenn sich einmal eine grundlegende Prämisse ausgebildet hat, ergibt sich ein Gesamtbild aus anscheinend logischen Schlußfolgerungen – und sei das Ganze noch so absurd. Das ist schrecklich. Und außerdem ansteckend.

Im Kreis verlaufende Begründungen haben wir im vorigen Kapitel untersucht (im Zusammenhang mit den Prophezeiungen, die sich selbst erfüllen). Überall, wo Handlungen und Konflikte eskalieren, sei es im internationalen Rüstungswettlauf oder im ruinösen Wettbewerb, begründen die Mitspieler ihre Aktionen mit dem, was andere tun. »Ich würde dich nicht so kritisch kontrollieren, wenn du gerne arbeiten würdest.« – »Ich würde viel lieber arbeiten, wenn du mich nicht immer kontrollieren würdest.« Oder: »Ich muß alles allein machen, weil meine Mitarbeiter nichts von selbst tun, jedenfalls nicht wirklich richtig.« – »Ich würde ja viel mehr tun, wenn man ihm nur jemals etwas recht machen könnte.«

Selbst wenn wir – um die Sache einfach darzustellen – einmal annehmen, daß an einer solchen Beziehung nur zwei Personen beteiligt sind, selbst dann ist es so gut wie unmöglich, zu entscheiden, ob eine bestimmte Handlung die Ursache oder die Folge der Handlung des Partners ist. Jeder einzelne ist fest davon überzeugt, daß er nur auf den anderen reagiert. Von außen her gesehen, spricht vieles dafür, jede Aktion des einen als Auslöser für das Verhalten des anderen zu sehen. Der unbeteiligte Beobachter hat meistens keinen Zweifel: Wenn einer der beiden weniger desselben täte, dann würde auch der andere bald »vernünftig« und begänne, sich zu mäßigen.

In diesen Zusammenhang passen Äußerungen wie:

Ich lasse mich nicht von dir bestimmen, wenn du dich nicht von mir bestimmen läßt.[10]

Oder umgekehrt: Ich tue, was du willst, wenn du tust, was ich will.

Und: Der eine sagt: »Ich tue es, weil du es tust.« Der andere: »Und ich tue es, weil du es tust.«

Über das Verhältnis Sekretärin und Chef ist schon viel gelacht worden. Nur, manchmal ist es gar nicht lustig. In diesem Beispiel fürchtet die Sekretärin ihren dominanten Chef. Sie tritt leise auf, bemüht sich, unauffällig zu sein, und wirkt völlig unsicher. Der Chef findet dieses Getue unerträglich und poltert. Sie reagiert noch verschreckter. Der Teufelskreis schließt sich.

Der Chef begründet sein Poltern mit ihrem Leisetreten. Die Sekretärin ihrerseits begründet ihr Auftreten mit dem tyrannischen Verhalten des Chefs.

Oft ist das Betriebsklima als Ganzes von solchen Reaktionsketten geprägt. Stellen wir uns vor: Ein Mitarbeiter hat abends und am Wochenende eine zweijährige Fortbildung besucht – alle Kollegen und der Vorgesetzte wissen davon. Schließlich kommt der Prüfungstermin. Und keiner fragt, wie die Prüfung ausgegangen ist. Der Mitarbeiter spricht nicht darüber, weil er sich denkt: »Dann glauben die noch, ich wollte mit meiner Eins angeben. Wenn die nicht fragen ...« Die Kollegen und der Vorgesetzte fragen nicht, weil sie denken: »Wenn der nichts sagt, ist er vielleicht durchgefallen. Wie peinlich, wenn ich fragen würde ...«

Der eine sagt nichts, weil die anderen nicht fragen. Die anderen fragen nichts, weil der eine nicht auf das Thema zu sprechen kommt.

A hat Angst vor B, weil B Macht hat. B hat Macht , weil A Angst hat.

Wer hat angefangen? Wer ist der Schuldige? Wer der Verursacher? Wie kann man das lösen?

Ein offenes Geheimnis

Scheitern ist seltener als versagen. Häufiger versuchen Menschen erst gar nicht, eine Aufgabe zu lösen, als daß sie daran scheitern. Warum unterläßt ein Mensch erfolgversprechende Unternehmungen? Weil er ein Geheimnis hüten möchte. Nämlich seine Grenzen.

Von anderen beobachtet zu werden, wie man an seine Grenzen stößt – wie peinlich. Diese Blamage erspart sich der Mensch, wo er kann. Und besonders gut kann er das, wenn er nie riskiert, an seine Grenzen zu stoßen. Vorher aufhören. Am besten scheint es, einen weiten Bogen um diese Blamage zu schlagen.

Am schlimmsten ist die plötzliche Blamage, eine Blamage, in die wir unversehens geraten, die uns erwischt, kalt erwischt. Finger weg! Am besten gar nicht daran denken. Schon der Gedanke daran ist peinlich.

Zu dumm, daß das Vermeiden einer Gefahr ihr Fortbestehen garantiert. Wer beschließt, ein Problem zu vermeiden, nimmt dessen Verewigung in Kauf. Scheinbar vernünftig.

Der Mensch will nur eines nicht: die Blamage. Aber genau die braucht er, wenn er weiterkommen will. Nur eben nicht zufällig, nicht unabsichtlich, sondern geplant und vorsätzlich.

Wie kann sich jemand blamieren, wenn das geschieht, was er sich vorgenommen hat? Also absichtlich tut, wovor er sich fürchtet? Wer ist dann stärker, die Blamage oder der Mensch? Was wäre, wenn damit die Blamage aufhören würde, eine Blamage zu sein? Der Mensch hat keine Angst mehr vor seiner Angst.

Wer Karriere gemacht hat, hat wahrscheinlich vieles richtig angefaßt. Es ist anzunehmen, daß die Angst vor einem Irrtum, vor einem Fehler oder einem Versagen einen Teil seines Lebens beherrscht. Das kostet Kraft und geht gewaltig an die

Nerven. Übertriebenes Streben nach Perfektion und Fehlerfreiheit löst Ängste und Verkrampfungen aus, so daß gerade dadurch das Befürchtete eintritt. Der Mensch macht einen Fehler!

Spielen wir einmal mit dem Gedanken, dieser Mensch wollte demonstrieren, wie schlimm das ist. Er sucht sich etwas aus, womit er sich – so gut er kann – bloßstellen wird. Und dann tut er es wirklich. Nur das mit der Blamage klappt irgendwie nicht. Er staunt, wie gering die Wirkung ist: Die anderen Menschen gehen darüber hinweg, oder sie haben den peinlichen Vorfall gar nicht bemerkt. Und er stellt fest: Das Leben geht weiter. Die Blamage ist gar nicht tödlich.

Versuchen Sie, sich einmal täglich in der Öffentlichkeit lächerlich zu machen. Sie werden feststellen, daß Sie sich richtig konzentrieren müssen, um sich bloßzustellen. Jegliche Angst ist weg.

Stock und Strafe

Ein Zen-Schüler geht mit seinem Meister durch den Garten. Der Meister stützt sich auf einen starken Stock. Plötzlich bleibt er stehen und sagt zu seinem Schüler: »Was halte ich in meiner Hand? Wenn du sagst: ›Das ist ein Stock‹, werde ich dich damit schlagen. Wenn du sagst: ›Das ist kein Stock‹, werde ich dich damit schlagen. Was also halte ich in der Hand?«

Mehr als den Schlag fürchtet der Schüler, seinen Meister zu verlieren. Präventiv zuzuschlagen, verbietet er sich. Wegzulaufen auch. Nehmen wir an, er quält sich mit der Wahl: Stock oder kein Stock? Dann verstrickt er sich in ein unauflösliches Dilemma.

Was halten Sie davon, wenn er weder »Stock« noch »kein Stock« sagt, sondern zum Beispiel: »Das ist deine Stütze« oder »Das ist das Symbol deiner Weisheit«? In diesem Fall hätte er zur Umdeutung gegriffen. Ein aufrichtiger Mann wie der Zen-Meister kann ihn jetzt weder schlagen noch wegschicken.

Und was halten Sie davon, wenn der Schüler mit einer Gegenfrage reagiert? »Was hast du in der Hand, Meister?«

Aus nächster Entfernung

»Kann ich dir vertrauen?« fragt der Mißtrauische. Der andere kann der Falle nicht entkommen. Sagt er »ja«, so kommt er in Verdacht, seine hinterhältigen Absichten besonders geschickt zu verbergen. Je unschuldiger sein Blick, um so mehr Vorsicht ist geboten. Sagt er »nein«, und das stimmt, dann stimmt es nicht. Stimmt es nicht, dann stimmt es.

Das Vertrauen ist besonders anfällig für Paradoxien.

»Sei offen und ehrlich, aber sag mir keine Dinge, die ich nicht hören will!«

Was kann man tun, um das Vertrauen eines anderen zu gewinnen? »Mir kannst du vertrauen«, sagt der klassische Verführer. Schon der Ansatz weckt Mißtrauen. Und wen Mißtrauen ergreift, den ergreift eines der heftigsten Vorurteile, die es gibt. Ein Mensch mit einem Vorurteil sieht nicht, wie seine Wahrnehmung und sein Verhalten durch sein eigenes Vorurteil beeinflußt werden. Wenn er es könnte, hätte er kein Vorurteil.

»Ich kann es verstehen, wenn du mir am Anfang unserer Zusammenarbeit nicht alles erzählst.« Was verblüfft mehr?

Ein Bewährungshelfer, der ein überdurchschnittlich vertrauensvolles Verhältnis zu seinen Schützlingen aufzubauen verstand, ermahnte sie zu Beginn der Zusammenarbeit: »Erzählen Sie mir nicht alles, was Sie tun. Sie wissen, ich muß über alles berichten.« Selbstverständlich weiß ein auf Bewährung entlassener Strafgefangener, daß ein Bewährungshelfer Delikte anzeigen muß. Daß er das aber von selbst anspricht, macht ihn unversehens vertrauenswürdig.

Wenn alle vor Zweckoptimismus strotzen, wie das in der Politik und in der Wirtschaft vorkommt, dann gewinnt oft derjenige das Vertrauen, der davon spricht, daß Opfer und Anstrengung auf die Menschen zukommen. Churchills Rede von Blut, Schweiß und Tränen gehört hierher.

Wenn Berater damit argumentieren, daß mit ihnen alles leichter und schneller geht, werden sie oft sehr skeptisch angeschaut. Mag sein, es ist Koketterie dabei, mag sein, es stimmt: »Wer zu uns kommt, hofft vielleicht, jetzt gehe alles von allein. Das Gegenteil stimmt: Dann fängt die Arbeit erst richtig an.«

Respekt und Vertrauen, Herausforderung und Partnerschaft wachsen.

Mangelt es an Vertrauen, mangelt es nicht an Garantieverlangen. Was tun, wenn ein Kunde Garantien verlangt, wo keine gegeben werden können? Vielleicht gibt es zu viele Faktoren, von denen der Gesamterfolg abhängt.

Es kann nur darum gehen, die Situation umzukehren und auf freundliche Art für den Kunden (!) Herausforderungen zu schaffen. So könnte die Antwort etwa lauten: »Es hängt ganz davon ab, wie Sie (!) an die Sache herangehen. Ob Sie (!) den Mut haben, auch Unpopuläres zuzulassen, oder ob Sie (!) lieber vermeiden möchten, daß ...«

So wird der Kunde mit in die Verantwortung einbezogen. So wird er provoziert, sich mit der Maßnahme zu identifizieren und sie zu unterstützen.

Der Motor des Stillstands

Geschäftsessen. Herr Reichmann und Herr Moneypenny stehen kurz vor einem umfangreichen Geschäftsabschluß.

Harmoniebedürfnis rundherum. Herr Reichmann bestellt zögernd eine Seezunge, Herr Moneypenny schließt sich an. Einigkeit total. Der Kellner serviert: »Sie hatten Glück. Die letzten beiden Seezungen für Sie.« Eine deutlich größer als die andere. »Aber bitte, Herr Moneypenny, greifen Sie doch zu!« – »Nein, Herr Reichmann, nach Ihnen.« Warm schmecken Seezungen am besten, aber langsam kühlen diese ab. »Nun nehmen Sie doch, bitte.« – »Aber nein, nach Ihnen.« Schließlich, so berichten die Chronisten, greift Herr Moneypenny zu – und nimmt den größeren Fisch! Hier manifestiert sich eine Kaufmannskultur. Empört schüttelt Herr Reichmann den Kopf: »Es geht mir ja nicht um den Fisch, aber wenn ich zuerst zugegriffen hätte, dann hätte *ich* den kleinen Fisch genommen!« – »Nun«, sagt Herr Moneypenny, »warum regen Sie sich auf? Ich habe Ihnen doch den kleinen Fisch gelassen!«

Es scheint so, als habe in den Köpfen der beiden hungrigen Geschäftsleute eine unendliche Gedankenkette zu rattern begonnen: Was denkt er, was ich denke, was er denkt, was ich denke …? Und dann ist der Fisch kalt.

Sie können sich auch mit jemandem, den Sie unbedingt treffen möchten, am Ausgang des Hauptbahnhofs verabreden. Wenn Sie dann feststellen, daß es dort zwei Ausgänge gibt, einen am einen Ende und einen am entgegengesetzten, die nicht gleichzeitig in den Blick zu nehmen sind, läuft das unendliche Band wieder: Was denkt er, was ich denke, was er denkt, was er denkt …? Mitmenschen mit Scharfblick beobachten dann Ihre zögernden Schritte – vor, entschlossen zurück, entschlossener vor, noch entschlossener zurück … Hoffentlich erkennt Sie keiner Ihrer Kunden oder Mitarbeiter. Es würde Ihrem Image schaden.

Einfach doppelt

In unseren Seminaren lehren wir unter anderem auch dialektische Redemodelle. Eines davon ist die Doppelung, auch Geminatio genannt. Das ist ein ganz einfaches sprachliches Mittel, um Begeisterung zu erzeugen und einer Aussage Nachdruck zu verleihen. Es ist die sofortige Wiederholung des gleichen Wortes oder der gleichen Wortgruppe an einer beliebigen Stelle im selben Satz. Beispiel: Keiner, keiner hat das Recht dazu!

Will man zum Beispiel betonen, wie köstlich die Kekse schmecken, dann drückt man das einfach so aus: »Die Kekse sind wunderbar, wirklich wunderbar!« Jeder von uns doppelt – meistens ganz unbewußt. Vor allem dann, wenn er von etwas überzeugt ist.

So leicht und wirkungsvoll diese Technik auch ist, sie löst bei kritischen Seminarteilnehmern schon mal Stirnrunzeln aus. Das sei »komisch«, das sei plump, unecht, falle als Trick auf, so etwas sage man einfach nicht in Wirklichkeit. Nicht einmal der Hinweis darauf, daß diese Redefigur in unserem Alltag überaus gebräuchlich sei, beseitigt alle Bedenken. Jedenfalls manchmal nicht.

Dabei passiert es, daß einer freundlich, aber bestimmt protestiert: »Ich habe noch nie gedoppelt, wirklich noch nie.« Wahrscheinlich will er damit unterstreichen, daß er das wirklich nie tut. Und wenn alle Umstehenden lachen, weiß der arme Mensch noch nicht einmal, warum. Er hat es nicht gemerkt. Einfach nicht gemerkt.

Die Macht der Machtlosigkeit

Machtfragen im Unternehmen und in der Wirtschaft gehören zu den aufregendsten Dingen der Welt. Die Sitzplätze an den

Schalthebeln der Macht vermitteln den Menschen ein unvergleichliches Ansehen. Solche Stühle haben etwas Magisches. Ein Thron war immer ein ganz besonderer Stuhl. Einer hat es bis zur Heiligmäßigkeit gebracht.

Und doch braucht Macht immer den anderen Menschen. Den, der keine Macht hat. Den, der Angst hat. Macht ist immer die Angst der anderen. Vergeht die Angst, ist auch die Macht verloren.

Macht ist nicht nur strahlend, sondern oft auch ziemlich schillernd. Wer ist eigentlich der Mächtige? Der erwachsene Mensch, der gerade die Weltnachrichten im Fernsehen verfolgen will, oder das Baby, das mit seinem Schreien diesen Menschen dazu bringt, statt dessen die Windeln zu wechseln?

Wer ist der Mächtige an der Tür? Der Gast, der zuerst durch die Tür geht, oder der Gastgeber, der dem Gast den Vortritt läßt?

Und was macht der mächtige Firmenchef, wenn der subalterne Mitarbeiter ausgerechnet an dem Tag erkrankt, an dem er für einen wichtigen Kunden die Vertragsentwürfe bereithalten sollte?

Das Machtspiel ist ein Spiel, weil es nach festen Regeln verläuft. Die Spielregel Nummer eins lautet: Das ist kein Spiel. Das ist todernst.

Wer mit den Regeln spielt, beherrscht das Machtspiel.

Nehmen wir an, eine Bande aggressiver Rocker besetzt ein Lokal. Der Geruch von Leder und das Dröhnen der Stiefel füllen den Raum. Gleich werden sie einen Anlaß finden, die Einrichtung zu zerstören und den Wirt zusammenzuschlagen. In diesem Augenblick macht der Wirt etwas völlig Unerwartetes: Er schließt die Türe des Lokals von innen ab und pfeift von der Hintertüre tatkräftige Unterstützung herbei ... Das Lokal – eben noch Arena – ist jetzt eine Falle.

Die Parallele im Unternehmen? Da gab es doch einmal einen Außendienstleiter, der ordnete an, über alles Wichtige persönlich informiert zu werden. Die Außendienstmitarbeiter wußten sich zu helfen. Vielleicht kannten sie die Geschichte von den Rockern. Sie berichteten und berichteten und berichteten. Papier als Fax und als Brief, Telefonate und Diktaphonkassetten ... Der Fall hatte bald ein Ende.

Man kann auch auf eine Weise gehorchen, die denjenigen, der etwas anordnet, ohnmächtig erscheinen läßt.

»Sag doch nicht immer Mutti zu mir!«

»In Ordnung, Mutti!«

Anmache. Ein Macho ohnegleichen – wie sie überall zu finden sind – macht sich an eine Frau heran. Forsch, unwiderstehlich und unerträglich charmant. Schüchtern und leise reagiert die Frau mit Flucht. Klagend erhebt er die Hände und ruft ihr noch einen leidenschaftlichen Gruß voller Bedauern hinterher.

Sein nächstes Opfer – eine ausgesprochen kühle Intellektuelle – schmachtet er genauso an. Sie mustert ihn von oben bis unten und sagt dann klar und deutlich: Gut, wenn er bringe, was er verspreche; sie habe nämlich erhebliche Ansprüche ... Dann drängt sie zum sofortigen Aufbruch.

Der Latin Lover verwandelt sich auf der Stelle in eine bedauernswerte Figur. Sein sexuell aggressives Verhalten braucht die Schüchternheit als adäquate Mitspielerin. Sein Spiel ist sofort verloren, wenn er eine sexuell aggressive Antwort bekommt. Es läßt sich nur aufrechterhalten, solange es eine entsprechende scheue Ergänzung findet. Ein Schelm würde fragen: »Was machst du, wenn sie ja sagt?«

Dies ist ein Muster für komplementäre Kommunikation. Kippt die Kommunikation überraschend um (symmetrische

Kommunikation), dann fängt etwas ganz Neues an. Etwas so unerhört Neues, daß unser Macho dafür kein brauchbares Verhaltensmuster hat. Er verabschiedet sich. Solange ängstliche Frauen dieser Strategie nicht trauen, wird ihre Welt weiterhin voll von Machos sein.

Im Kopf der Opfer liegt der Schlüssel zur Auflösung solcher Konstellationen. Als Mitspieler haben sie die Freiheit, die Regeln ihres Umgangs zu verändern. Oder sollte ihre Angst, der Anmacher könnte das dann für bare Münze nehmen, Ausdruck ihrer geheimsten Wünsche sein? Nur die Überzeugung »Der will mich wirklich« kann die Frau davon abhalten, dem Macho die Stirn zu bieten. Sobald das Opfer sicher ist, daß der Machtausübende das für sich und sein Ego tut und daß es völlig austauschbar ist, ändert sich die Reaktion. Und solch eine Frau ist für unseren Macho natürlich ein Graus. Übrigens: für jeden, der andere Menschen für seine Machtspiele braucht.

Betretener Stellvertreter

Ein Chef behandelt seinen Mitarbeiter nach der Devise: »Entscheide selbst! Aber entscheide bloß so, wie ich an deiner Stelle entscheiden würde!«

Eine Paradoxie. Der arme Mitarbeiter steckt in einer bösen Klemme. Entscheidet er nach eigenem Ermessen, ist es sehr wahrscheinlich, daß der Chef anders entschieden hätte, und der bedauernswerte Mensch zieht sich den Zorn seines Chefs zu. Fragt er den Chef aber um Rat, wird er ebenfalls kritisiert, weil er sich als unselbständig erweist, als unfähig oder unwillig.

Wie kommt man aus solch einem Dilemma heraus?

Der Mitarbeiter könnte zu seinem Chef sagen: »Ich habe einmal einen Mann gekannt, der hat in dieser Situation Folgendes getan ... (Jetzt beschreibt er sein eigenes Vorhaben.) ... Was halten Sie davon?«

Dies ist eine Technik der indirekten Befragung. Mit Hilfe der Geschichte konfrontiert er seinen Chef mit seinem eigenen Plan und läßt ihn darüber entscheiden. Vorher. Trotzdem hat der Mitarbeiter die Anweisung seines Chefs nicht verletzt.

Mit dieser Technik geht es: Das eine tun und das andere nicht lassen.

Alt, bekannt und immer wieder gut

Es war einmal ... ein Mann in Amerika. Er wohnte an einer Fernstraße und verdiente sich seinen Lebensunterhalt mit dem Verkauf von Hot dogs am Straßenrand.

Er las selten Zeitung, sah selten fern und hörte fast nie Radio. Sein Kontakt zur weiten Welt war nicht sehr gut. Sehr gut aber waren seine Hot dogs und die Brötchen, die er verkaufte. Und er stellte Schilder an der Straße auf und rief: »Wie wäre es mit einem Hot dog?«

Das Geschäft ging gut. Er erhöhte stetig seine Bestellung an Würstchen, Brötchen und Limonade. Er kaufte sich einen größeren Ofen, um mit dem Geschäft Schritt zu halten. Schließlich brauchte er einen Helfer.

Eines Tages kam sein Sohn vom College zurück. Und da geschah es.

»Sag, Dad, hast du es denn noch nicht im Radio gehört? Nicht gelesen? Die Zeiten werden hart. In Europa haben sie schon eine riesige Regression. Bald erwischt es uns hier in Amerika.« Der Vater dachte sich, daß der Sohn viel von der Sache verstünde, schließlich war er auf dem College. Der mußte es wissen.

Daraufhin drosselte er seine Bestellungen, nahm seine Reklametafeln herein. Er sparte sich die Mühe, die Hot dogs den Autofahrern an der Straße anzupreisen, und praktisch von heute auf morgen brach das Geschäft zusammen.

»Du hast recht, Junge, wir befinden uns wirklich in einer grauenvollen Regression.«

B
REZEPTTEIL

Bitte senden Sie mir/uns gegen Rechnung

_____ Ex. Wolfgang Denz
Erfolgsfaktor Verkauf
200 Seiten, DM 48,--

Rechnungs- und Lieferanschrift

Wirtschaftsverlag
Langen Müller/Herbig
Thomas-Wimmer-Ring 11

80539 München

Verkäufer: Der Mann/die Frau im Marktorbit - sicher verbunden mit dem Mutterschiff

Verkäufer im Außendienst können die einsamsten Menschen der Welt sein. Was ihnen Stärke und Vertrauen gibt, ist die Verbindung zum Unternehmen. Wie diese Management-Aufgabe optimal erfüllt wird, zeigt nun Wolfgang Denz, einer der renommiertesten Verkaufstrainer im deutschsprachigen Raum, in seinem neuen Buch

Erfolgsfaktor Verkauf

Handeln im Wandel

(200 Seiten, zahlr. Graphiken, DM 48,--)

Ein Verkäufer braucht Rückhalt und Feedback. Er kann nur so gut sein, wie es ihm seine Führungskraft erlaubt. Alle Menschen, die im Unternehmen für Verkaufen, Führen, Werben, Marketing und Messeorganisation verantwortlich sind, können durch Zusammenwirken gemeinsame Ziele schneller und sicherer erreichen. Wie dieses gestaltet werden muß, zeigt ein Profi in diesem Werk. **Die beste Vorbereitung für die Denz-Seminare!**

1. Ein Tritt ist ein Tritt ist ein Tritt ...

Sie machen einen Spaziergang und treten kräftig gegen einen Stein. Dieser Tritt überträgt Energie vom Fuß auf den Stein. Der Stein kullert ein Stück weg bis zu einer Stelle, die von der Wucht des Tritts abhängt, dem Stein, dessen Gewicht und Form, vom Untergrund usw. Er hat keine Wahl.

Bestimmt mögen Sie Tiere, und Sie würden es nie tun, aber angenommen, Sie würden mit der gleichen Kraft einen Hund treten, dann könnte dieser zubeißen. Der Hund verwendet nicht nur die Energie des Tritts, sondern seine körpereigene, um zu reagieren. Er bestimmt die Richtung, den Ansatz und die Stärke des Bisses. Er hat eine Wahl.

Den Unterschied zwischen dem Tritt gegen den Stein und dem Tritt gegen den Hund spüren Sie an Ihrer Wade. Einmal hat sich Energie übertragen und einmal Information. Sie haben zweimal dasselbe getan, nur die Mitspieler unterschieden sich gründlich. Der Tritt gegen den Hund ist eine Verhaltensform, auf die der Hund mit einer entsprechenden Handlung antwortet.

Stein ist Stein, Stein reagiert wie Stein. Hund ist nicht gleich Hund, es gibt feige und solche, die ein Herz wie ein Löwe unter ihrem Fell herumtragen, es gibt aggressive und sanftmütige ... Der eigene Hund würde auf Ihren Tritt anders reagieren als ein fremdes Tier.

Der Umgang mit Menschen macht uns jeden Tag klar, daß jeder Schritt, den wir tun, ein Schritt ins Ungewisse ist. Sicherheit gibt es nicht, nur Wahrscheinlichkeiten, nur eine gewisse Aussicht auf Erfolg.

2. Verbindliche Lösung für gebundene Kunden
(Heraus aus Kundenbindungssystemen)

Über die letzten Jahrzehnte strebten die Unternehmen mit großem Einfallsreichtum danach, Kunden an sich zu binden. Es begann mit Rabattmarken und endete mit inkompatiblen Systemen. Überall dominiert die Suche nach Stabilität. Etwas Stabilität beruhigt, viel Stabilität bedeutet Starre. Wo das Streben nach Sicherheit, Bequemlichkeit und Ordnung die Oberhand gewinnt, weicht der Wille zur Zukunftsgestaltung. An seiner Stelle macht sich ängstlicher und kleinlicher Bürokratismus breit. Viele deutsche Unternehmer haben sich eine Beamtenmentalität angewöhnt – und die Beamten streben Unternehmergeist an. Eine ver-rückte Welt.

»So geht es nicht weiter«, hört man – aber die Angst vor jeder Veränderung blockiert die Gestaltung der Zukunft. Mit dem Wandel irgendwie fertig werden, das will man schon, schließlich soll es wieder so schön werden wie früher. Den Wandel aussitzen heißt abwarten, bis der Zug abgefahren ist. Andere haben längst darin Platz genommen.

Die Angst davor, etwas loszulassen, ist keine Treue. Wer sie für eine Tugend hält, irrt sträflich. Dieser Holzweg führt geradewegs in die Katastrophe. Wer an seinem Lieferanten festhält, um ein System zu erhalten, zerstört es. Zahlreiche Kundenbindungen lähmen das Fortkommen des Unternehmens und der Wirtschaft allgemein. Es gilt jetzt, Systembindungen aufzulösen. Jedenfalls solche, die sich überlebt haben.

Ein abtrünniger Kunde muß sich von dem gesamten System lösen. Kosten, Risiko und Aufwand erreichen oft eine astronomische Dimension. Einen folgenschweren Wechsel vollzieht man nicht einfach so. Dafür braucht man gute Gründe, die auch noch gelten, wenn man durch die turbulenten Phasen der Umstellung hindurchgeht. Gute Gründe. Manche Entscheider entscheiden sich nicht einmal dann für den Wandel. Eine unorthodoxe Antwort – und der Kunde bekommt eine neue Chance für eine autonome Entscheidung, an die Stelle von verkrampfter Ängstlichkeit tritt erneutes Nachdenken.

Lösungswege

Kunde A: »Ich sehe, Ihr Produkt ist gut, sogar besser als das, mit dem wir jetzt arbeiten. Dennoch kommt ein Wechsel jetzt für uns nicht in Frage. Wir bleiben bei unserem jetzigen Lieferanten.«

Verkäufer: »Toll, wie Sie sich für Ihren Lieferanten einsetzen … Ich wünschte, ich hätte auch solche Kunden …«

Kunde B: »… Ihr System ist tatsächlich besser als das, das ich jetzt verwende. Aber die Auftragslage ist gut, wir haben genug zu tun. Wir müssen jetzt nicht wechseln. Die Umstellung kostet etwa hunderttausend Mark, und das ist mir einfach zu teuer.«

Verkäufer: »Das ist sicherlich eine vernünftige Lösung. Sie müssen ja nicht wechseln. Der Senior/Wettbewerber ... ist auch davon überzeugt, daß Sie mit einer Systemumstellung nicht klarkommen.«

Unglaublich – Was ist da passiert?

Im ersten Fall überrascht der Verkäufer durch das verblüffend andere. Widerspruch, mehr desselben wird erwartet, der Kunde ist darauf gefaßt, die Waffe kennt er. Und dann das. Zustimmung, träumerische Bewunderung. Wenn nur diese teuflische Bemerkung nicht gekommen wäre: »Ich wünschte, ich hätte auch solche Kunden.« Loyale Kunden – was bekommen sie eigentlich von ihrem Lieferanten dafür ...? Der Zweifel schleicht sich ein. Und Zwei-fel macht un-eins. Enge Ängstlichkeit lockert sich – vielleicht löst sie sich auf.

Der zweite Fall arbeitet mit dem Widerstand des Kunden. Eine beiläufige Bemerkung, daß irgend jemand dem Kunden die Umstellung nicht zutraut, provoziert Widerstand – gegen den, den der Verkäufer ins Spiel gebracht hat! Wenn die sachlichen Gründe den Kunden nicht bewegen, dann vielleicht die Kräfte, die aus den tiefen Schichten seines Unbewußten an die Oberfläche brechen.

Wenn der Kunde bei der bisherigen Version bleibt, wird er wenig Freude daran haben, bald hier, bald da etwas daran auszusetzen haben, bis er genügend »vernünftige« Gründe findet, den aufwendigen Wandel vorzunehmen. Den wirklichen Grund braucht er nie zu entdecken. Der Verkäufer will nicht der Wahrheit Vorschub leisten, sondern neue Technik verkaufen. Und dafür muß er selbst schon einmal eine Technik anwenden. Auch wenn sie ihm am Anfang genauso fremd ist wie sein Produkt dem Kunden.

3. Andeutungen zum Umdeuten von Bedeutungen
(Akquisitionshürden nehmen)

Der Verkauf lebt von der Nachfrage, die Nachfrage von der Akquisition. Und das Akquirieren endet oft gleich nach der Begrüßung. Was immer der Verkäufer sagt, die Antwort des Kunden gleicht dem Satz: »Ich habe es nie probiert, weil ich es nicht mag.« Er mag es nicht – und woher weiß er das?

Lösungsweg

Ende der Akquisition schon nach der Begrüßung? Anders in diesem Fall.

Verkäufer: »Kennen Sie schon den Sensato-Sensor-Turbulator?«

Kunde: »Dafür haben wir kein Geld. Die Geschäfte gehen schlecht.«

Verkäufer: »Schlechte Geschäfte? Umsatzrückgang? Sie haben ein Vertriebsproblem! Mit dem neuen Sensato-Sensor-Turbulator erreichen Sie mühelos ...«

Unglaublich – Was ist geschehen?

Jedes Zeichen hat einen Sinngehalt, aber nicht für jeden Menschen denselben. Jeder könnte als Zeicheninterpret bezeichnet werden. Er deutet die Tatsachen eigenwillig und glaubt doch, es sei gar keine individuelle Deutung, sondern etwas überpersönlich Gegebenes. Leicht ist es nicht, bei den unterschiedlichsten Menschen Übereinstimmung herzustellen. Wenn es geht, geht es am besten über einen Impuls, der dem Menschen erst einmal seltsam, widersinnig oder verdächtig erscheint. Dadurch wird er zum Denken animiert, vielleicht zum Umdenken.

In dem Beispiel hat der Verkäufer mit der Technik der Umdeutung gearbeitet. Umdeutung kann winzig und witzig ansetzen:

»Ich habe zwanzig Pfund abgenommen.«

»Wem?«

Sie hat zwei Ärzte. Zu dem einen geht sie, wenn sie was hat, zu dem anderen, wenn ihr was fehlt.

Umdeutung kann auch ganz tief greifen, indem sie die Rollen in der Kommunikation neu verteilt. Aus dem Partner in der inferioren Position wird – schneller als man schauen kann – ein starker Mitspieler. Wie in dem Akquisitionsbeispiel der Verkäufer.

Im Regelfall hat der Verkäufer ein Problem: Er will oder muß sogar verkaufen. Er braucht den Kunden. Deshalb hat er ein Problem. Das ändert sich auf der Stelle, wenn der Verkäufer den Spieß umdreht: Sie, Herr Kunde, haben ein Problem. Aber Sie haben Glück, weil ich es für Sie lösen kann!

Der Kunde findet sich plötzlich in einer Situation wieder, in der er den Verkäufer braucht. Der Verkäufer hat den Kunden zum Problem-Besitzer gemacht.

4. Ich tue, was ich kann. Bei Ihnen ist das umgekehrt
(Fehlverhalten ändern)

In Umfragen unter Beschäftigten, was denn das lästigste Übel in ihrer Abteilung sei, rangiert der rüde Umgangston weit oben. Der Chef brüllt die Leute an, die dann irritiert oder beleidigt abwarten, bis der Anfall vorüber ist. Ohnmacht oder Empörung – egal, die Haut wird dünner oder das Kreuz breiter. Starrer werden die Rollen, lahmer die Kraft, kühner die Mordphantasien. Aber keiner der Mitarbeiter erreicht eine dauerhafte Verhaltensänderung beim Chef. »Den Chef kann keiner mehr ändern. Keiner.«

Den Chef können seine Mitarbeiter nicht ändern. Sein Verhalten schon. Daß sie dabei nicht einmal einen Hinauswurf riskieren, zeigt das folgende Beispiel.

Lösungsweg

Der Chef brüllt, gleichgültig, was und wie lange, ob nachvollziehbar oder nicht – die neue Kollegin reagiert nicht wie die anderen, nicht so, wie es »normal« wäre: kein Kuschen, kein Grollen oder Zurückschreien … Statt dessen versichert sie dem Chef glaubhaft, daß sie die »Vehemenz » (nicht das »Anbrüllen«!) als sicheres Zeichen von Ohnmacht verstehe.

Unglaublich – Was ist geschehen?

Wer brüllt, brüllt tatsächlich kaum je aus Stärke. Vermutlich brüllt der Chef die Mitarbeiterin an, weil er glaubt, er könne sie damit einschüchtern. Er geht ganz selbstverständlich davon aus, daß sie es als Drohsignal versteht. Und plötzlich erfährt er, daß sie das ganz anders deutet. Das schlägt ihm glatt die Keule aus der Hand.

Sie hat ihn mit der Preisgabe ihrer Interpretation seines Verhaltens in eine unhaltbare Situation gebracht: Brüllt er weiterhin, dann weiß er, daß sie ihn für schwach hält. Gerade das will er nicht! Also muß er sein Verhalten ändern. Sein bisheriges Herumbrüllen wird ihm zur Falle.

Das Umdeuten leistet auch in privaten Beziehungen hervorragende Dienste. Unerbittliches Schweigen beweist die Aufkündigung der Liebe. Bis der Partner zur teuflisch guten Umdeutungstechnik greift: »Schweig nur. Solange du schweigst, weiß ich, daß ich dir noch viel bedeute.«

Der wortlose Partner steht wieder in einer unhaltbaren Situation: Weiteres Schweigen »beweist«, solange es anhält, die andauernde Liebe. Aber gerade das darf es nicht sein! Also muß man reden, wenn auch nur, um zu streiten …

Angenommen, im Verlaufe des Streites nimmt sie entschlossen das Oberbett unter den Arm, zieht um ins Gästezimmer, dann geht es noch einmal: »Geh nur. Solange du nicht neben mir liegen willst, weiß ich, daß ich dich noch errege.«

Der Auszug beweist, daß sie fürchtet, in seinen Armen schwach zu werden ... Welche Aussichten!

Vielleicht erinnern Sie sich: Im ZDF lief eine Krimireihe mit dem Polizeipsychologen Fitz. In einer Folge will ein Geiselgangster an Fitz Rache nehmen. Deshalb bringt er Frau Fitz in seine Gewalt und droht Fitz damit, sie zu töten. Fitz spielt glaubhaft den Erleichterten, den Glückspilz. Er sagt dem Gangster, er solle tun, was er vorhabe. Er, Fitz, plane schon lange, seine desolate Ehe durch einen raffinierten Mord zu beenden. Nur der Mut habe ihm immer gefehlt. Ja, das sei eine überraschende Wendung ... Nun ist allseits bekannt, daß genau diese Phantasien bei Eheleuten vorkommen. Warum nicht auch im Hause Fitz? Aber einen Gefallen will der Gangster seinem Widersacher wirklich nicht erweisen. In dem Augenblick der Verblüffung und der Ratlosigkeit gelingt es, den Gangster zu übermannen.

Weniger als kriminell, aber als lästig empfand eine Bekannte die nächtlichen anonymen Anrufe, hinter denen sie eine Bekannte aus dem Tennisverein vermutete. Es war möglich, daß sie ihre Feindschaft auf diese Art als subtile Rache loswerden wollte. Aber es war eben nur ein Verdacht, wenn auch ein naheliegender. Zur Rede stellen hätte nur Schlimmeres bewirkt, weiter zu dulden, war nicht ihre Sache. Also plauderte sie ganz harmlos und etwas kokett im Beisein ihrer gehässigen Vereinsfeindin: »Stellt euch vor, auf meine alten Tage habe ich einen heimlichen Verehrer. Wenn der nachts vor Sehnsucht nicht schlafen kann, ruft er mich ganz schüchtern an. Hat nicht mal den Mut, sich zu melden. Ich würde was drum geben, wenn ich wüßte, wer das ist. Glaubt ihr, eventuell der Präsident ...? Also, es ist ein verdammt schönes Gefühl ...«

Kein einziger nächtlicher Anruf mehr. Ruhe im Verein. So erreicht man ohne den geringsten Konflikt, daß Menschen ihr Verhalten augenblicklich ändern.

Entscheidend bei der Umdeutung ist, daß der eine Partner dem anderen mitteilt, wie er das Verhalten deutet. Dabei wird dessen (vermutliche) Absicht so umgedeutet, daß der andere nicht bei seinem bisherigen Verhalten bleiben oder wieder darauf zurückgreifen kann. Es ist dabei ohne jede Bedeutung, ob die neue Erklärung beschreibt, wie sein Verhalten »wirklich ist«. Wichtig ist allein, daß der andere sie glaubt und daß sie mit seiner Absicht unvereinbar ist.

5. Was denkt er, was ich denke, was er denkt ...? *(Metakommunikation: die verlorengegangene Botschaft)*

Das Unternehmen Drunter & Drüber macht dem Unternehmen Recht & Billig ein Angebot, das Herr Recht sogleich mündlich akzeptiert. Er schickt die schriftliche Aufstellung der Details. Und diese Aufstellung geht irgendwie verloren. Recht & Billig wartet und wartet und kommt schließlich zu der Überzeugung, daß Drunter & Drüber ein Chaosunternehmen ist. Drunter & Drüber ist erheblich irritiert, daß Recht & Billig nichts von sich hören läßt. Vermutlich Zahlungsschwierigkeiten ...

Lösungsweg

Statt weiterhin zu grübeln und abzuwarten, statt sich zu ärgern und über den anderen Mutmaßungen anzustellen, gibt es nur eine Möglichkeit, aus dieser Sackgasse herauszukommen: Einer muß den anderen auf die Sache ansprechen. Stolz hin, Dünkel her, wer das größte Selbstvertrauen hat, sucht das Gespräch.

Metakommunikation ist die Kommunikation über die Kommunikation. Reden über das Gesagte – in diesem Fall über die fehlende Antwort.

Konflikte entstehen, wenn in einer Beziehung jeder annimmt, daß der Partner über dieselben Informationen verfügt – oder dieselben Schlüsse daraus ziehen müßte.

Es bleibt zu hoffen, daß die Partner sich mit der Klärung des Sachverhaltes begnügen (»Wir wollen beide dieses Geschäft miteinander machen.«). Wenn sie herausfinden wollen, wer angefangen hat oder die Schuld für die Panne trägt, dann entwickelt die Affäre bestimmt noch reichlich Eigendynamik. Ob der Auftrag trotzdem noch zustande kommt, ist dann allerdings erheblich weniger sicher.

6. Haltet den Dieb!
(Mitarbeiter-Diebstahl)

Auge um Auge, Zahn um Zahn – so ist es zu verstehen, warum es so viele zahnlose Blinde gibt. Blinde Wut und Zähnezeigen schaden dem Rächer. Mehr als dem Täter.

In deutschen Unternehmen wird gestohlen. Der Handel spricht von Inventurdifferenz. Er weiß drei Tätergruppen am Werk: Kunden, Lieferanten und Mitarbeiter; sie greifen etwa zu gleichen Teilen zu. Wenn Betriebsangehörige diebisch Hand anlegen, verschieben sich nicht nur Besitz-, sondern oft auch Arbeitsverhältnisse.

Zugriff, Entdeckung, außerordentliche Kündigung und helle Aufregung in der Abteilung, verschärfte Kontrollen und Mißtrauen, Mißtrauen, Mißtrauen bestimmen das Geschehen. Was soll man tun? Schließlich muß man Diebe bestrafen. Oder?

Lösungsweg

Ein Kassierer hat in die Kasse gegriffen. Es besteht gar kein Zweifel. Durch irgendeinen Zufall hat der Chef den Gelddiebstahl entdeckt, und nur ein ganz bestimmter Mitarbeiter kommt in Frage. Ein leistungsstarker Mitarbeiter hat zugegriffen. Der Chef geht eine Tasse Kaffee trinken und denkt kreuz und quer. Abends nimmt er aus seinem Portemonnaie einen Hundertmarkschein und steckt ihn in die Kitteltasche des Diebes.

Unglaublich – Was ist geschehen?

Diebstahl belohnen?! So weit käme es noch! Vor Rache blind und vor Empörung außer sich, kann man nur den Stab über jemanden brechen. Mit der Draufgabe brechen Sie einen fatalen Mechanismus.

Zur-Rede-Stellen, Diskutieren, Ärger, Bluthochdruck, Polizei, Anzeige, Aufsehen, Arbeitsgerichtsprozeß ... Was kommt da auf den Chef zu? Das Arbeitsklima leidet, Kollegen solidarisieren sich, ein fähiger Mitarbeiter muß gehen und ersetzt werden, der Betriebsrat schaltet sich ein ...

Hundert Mark sind viel, wenn man sie Ihnen stiehlt. Und Peanuts, wenn Sie sie ausgeben – wie in diesem Fall. Jede Anzeige für eine Stellenausschreibung kostet ein Mehrfaches. Hinzu kommen die Aufwendungen für Einstellung und Einarbeitung.

Einfach übersehen und als Reibungsverlust abschreiben? Das wäre reine Resignation und keine Führung. Aber das Erstaunliche tun, das völlig Unerwartete: dem Dieb freiwillig noch einen Nachschlag geben. Das wirkt.

Der Mitarbeiter kann sich nicht darüber hinwegtäuschen: Der Chef hat den Fall bemerkt. Kein Kollege hätte ihm kommentarlos Geld in die Tasche gesteckt. Also der Chef. Dem Mitarbeiter werden die Folgen bewußt ... Entdeckung und Bloßstellung, Scham und Schande, Kündigung und Schlimmeres bleiben ihm erspart. Statt dessen findet er Geld in der Tasche.

Das Prinzip heißt: Ähnliches mit Ähnlichem heilen – heilen, nicht kaschieren.[11]

Dieser Mitarbeiter wird nie wieder stehlen. Wenn es im ganzen Unternehmen einen einzigen Menschen gibt, der lieber bettelt und hungert, dann wird es dieser Mann sein.

7. Es ist angerichtet
(Beraterkrise)

Kommt ein Unternehmen in eine Krise, dann wird zuerst der Grund und dann der Schuldige gesucht. Weil das, was die Experten als Ursache angeben, auch die Verursacher betrifft, werden die Menschen nicht nur die Ursachen verschleiern, sondern vielleicht sogar die ganze Krise leugnen.

Der Vertrieb sagt, die Produktion sei es. Die Produktion sagt, es liege an der Entwicklung. Die Entwicklung zeigt auf den Vertrieb mit den vielen Sonderwünschen, der Vertrieb zeigt auf den Innendienst. Das Management schaut skeptisch auf die Geschäftsführung mit ihrem Zickzackkurs. Die Geschäftsführung geißelt die Führungskräfte, die ihren Job nicht verstehen. Wenn es so weit gekommen ist, wird die Ur-Sache zur Neben-Sache.

Die Geschäftsführung holt Hilfe von außen: Ein Trainer oder ein Berater wird gesucht. Wir wurden hinzugezogen. Jetzt geht es rund: Alle klagen, klagen an, beschuldigen einander, beschaffen Beweise und Zeugen. Vertuschen und lügen, schwören und schweigen – alles, nur nichts zugeben.

Das Unternehmen will keine Lösung, sondern ein Urteil, am besten mit Hinrichtung. »Es müssen Köpfe rollen.«

Wer bezahlt, schafft an. Die Geschäftsführung rechnet sich daher gute Chancen aus, ihrer Sicht zum Durchbruch zu verhelfen. »Unsere Führungskräfte müssen endlich was von Psychologie lernen. Zeigen Sie denen, wie man so etwas macht!« Und selbst dann, wenn die Geschäftsführung das gar nicht gesagt hat, unterstellen die Führungskräfte ihr das: Wer schuld ist, muß ins Gefängnis, pardon, ins Training!

Nur dann, wenn das Training keinen Erfolg hat, fühlen sich die Führungskräfte entlastet. Für sie ist das Training dann erfolgreich, wenn es erfolglos bleibt. Die Situation ist paradox.

Lösungsweg

Alle Beteiligten werden eingeladen. Jede Partei erläutert ihre Sicht des Problems. Nur so erreichen wir als Berater, daß man uns nicht als Fürstendiener disqualifiziert.

Jede Partei beschreibt gleichberechtigt ihren Lösungsvorschlag. Als Berater zeigen wir für alle Verständnis. Verständnis ist nicht gleichbedeutend mit Einverständnis, Lösungsvorschläge wertzuschätzen heißt nicht, sie zu übernehmen.

Wir bringen klar zum Ausdruck, daß wir die Gefühle der am Prozeß Beteiligten kennen und akzeptieren, wir drücken aus, was in ihnen vorgeht.

Wir verordnen ihnen, an jeder Stelle im Gespräch sofort und eindeutig zu protestieren, wenn ihnen danach zumute ist. Nur so könne der Prozeß zu einem guten Ende kommen.[12]

Unglaublich – Was ist geschehen?

Bevor wir als Berater aktiv werden, läuft alles auf ein komplettes Desaster hinaus, bei dem keiner gewinnt und alle verlieren. Die Geschäftsführung, weil die Aktion Geld und Zeit kostet und die Krise nicht beseitigt. Die Führungskräfte, denn sie haben sich noch mehr in ihre Rolle als Opfer manövriert. Auch wir würden scheitern, weil wir unsere Ziele nicht erreichen könnten und die Auftraggeber enttäuschen würden.

Weil die Führungskräfte die Maßnahme als Indiz dafür betrachten, daß sie schuld an der Misere sind, werden sie nachweisen müssen, daß sich nach der Intervention nichts ändert. Nur in dem Fall sind sie nicht das Problem. Denn würden sie nach der Intervention erfolgreicher, dann hätten sie damit das Urteil bestätigt: Sie sind das Problem gewesen.

Eine erfolgreiche Intervention wäre also für sie eine schwere Niederlage. Sie werden Widerstand leisten.

Aber wir verhalten uns anders. Wir stellen zunächst eine entspannte Atmosphäre her, zeigen Interesse und Respekt vor der Meinung und der vorgeschlagenen Problemlösung, und dann greifen wir zu einem ungewöhnlichen Mittel: Wir verordnen den Managern den Protest. Wir arbeiten mit dem Widerstand der Manager.

Widerstand ist eine spontane Reaktion, das heißt, er wird nicht willentlich herbeigeführt. Und die Situation ist paradox. Diese beiden Voraussetzungen braucht man, um erfolgreich mit der paradoxen Intervention zu arbeiten.

Eine Anordnung macht spontanes Verhalten unmöglich. Sei spontan! ist eine klassische Paradoxie. Will man spontanes Verhalten abstellen, braucht man es folglich nur zu verordnen. Verordneter Widerstand hört auf, Widerstand zu sein. Jetzt müssen die Führungskräfte mitarbeiten, wenn sie ... Aber Sie spüren schon, die Erklärung schlägt Kapriolen. So oder anders: Der Widerstand ist gebrochen. Die Führungskräfte arbeiten mit. Wenn der Berater soviel betriebswirtschaftlichen Sachverstand mitbringt wie psychologisches Können, dann ist die Krise des Unternehmens so gut wie beseitigt.

8. Der neue Besen
(Die neue Führungskraft)

Der neue Vorgesetzte macht alles richtig, und trotzdem versagt er.

Ein mittelständisches Unternehmen gerät zunehmend unter Druck, weil Falschlieferungen Kosten und Ärger bei den Kunden verursachen. Zahlreiche Kunden haben nach wiederholten Reklamationen bereits die Geschäftsbeziehungen abgebrochen. Die Geschäftsleitung ist sich einig: Für die Versandabteilung braucht das Unternehmen eine perfekte Führungskraft.

Hier und da haben sich Leichtsinn und Nachlässigkeit eingeschlichen. Die Mitarbeiter registrieren ihre Fehler nicht mehr. Zu der Betriebsblindheit kommt die Routine, zum Arbeitsumfang der Streß und die Angst vor Tadel.

Dann übernimmt der Neue die Leitung. Er macht seine Sache gründlich. Er kritisiert nicht nur, er macht sehr nützliche Verbesserungsvorschläge. Und doch trifft er nur auf Widerstand, auf offene oder verdeckte Ablehnung und auf Unverständnis. Er ist noch nicht einmal zwei Wochen im Haus und schwört schon, von Neinsagern, Sturköpfen und Saboteuren umzingelt zu sein. Wenn er nicht an diesem Mief ersticken soll, muß er für frische Luft sorgen, Wind machen. Er macht mehr Druck, zwingt mit klaren Anweisungen und verschärfter Kontrolle.

Nach zwei Monaten hilft ihm auch der Rückhalt bei der Geschäftsleitung nichts mehr. Er muß gehen. Und er nimmt sich fest vor, das Schicksal seines Nachfolgers aufmerksam zu beobachten. Der macht alles anders.

Lösungsweg

Sein Nachfolger tritt schon ganz anders auf. Er läßt in den ersten Wochen alles laufen wie bisher. Seine Ideen speichert er in seinem Notebook. Aktivität heißt bei ihm: mit den Menschen sprechen, Fragen stellen, ihre Arbeit ganz genau beobachten und lernen, lernen, lernen. Auch wenn er glaubt, etwas besser zu wissen, beweist er niemandem, daß er es besser weiß.

In den folgenden Tagen betont er, was er unbedingt fortgesetzt sehen will. Erfolgreiche Verfahren und intelligente Abläufe, die ihm in der Abteilung aufgefallen sind, stellt er deutlich heraus und verbindet damit die Anerkennung der Arbeit.

Erst jetzt, als sich die zunächst argwöhnischen Augen von ihm schon wieder abgewendet haben, erst jetzt leitet er die ersten Veränderungen ein. Eine nach der anderen, die wichtigste zuerst. Ganz nach der Aspirin-Regel: Nimm eine und warte ab!

Jede Maßnahme verknüpft er mit der Bemerkung: »Ich weiß, daß Sie mit Ihrer ausgeprägten Begabung für … diese

Veränderung in kurzer Zeit vollkommen beherrschen. Sie haben alle Voraussetzungen dafür.« So und so ähnlich schließt er, wenn er jedem individuell oder einer Gruppe die Neuerung vorstellt. Während der gesamten Umstellungsphase erklärt er immer wieder, daß er fest an die Leistungsbereitschaft und Leistungsfähigkeit seiner Mitarbeiter glaubt.

Nach drei Monaten hat die Abteilung ihre Arbeit im Griff.

Unglaublich – Was ist geschehen?

Der erfolgreiche Vorgesetzte kannte die Einsteiger-Krankheit und wußte sich davor zu schützen.

Wer sich gerade am Anfang zu sehr engagiert, bezahlt das mit dem Gespür für die sensiblen Strukturen im Unternehmen. Wenn ein neuer Manager kommt, trifft er auf angstvolle Spannung und das Wehret-den-Anfängen der alten Hasen.

»War denn alles falsch, was wir bisher gemacht haben?!«

»Das hatten wir doch alles schon einmal. Das hat doch schon damals nicht funktioniert!«

»Der soll erst einmal so viel von der Sache verstehen wie wir, dann reden wir mal darüber!«

Statt dessen kommt der Neue und respektiert das, was die alten Hasen tun! Er forscht wie ein Anthropologe, scheint offensichtlich daran interessiert zu sein, was und warum man die Dinge so macht, wie man sie macht. Wogegen sollten sich die Menschen auflehnen? Nur Druck erzeugt Gegendruck.

Die Chemie stimmt. Der Neue integriert seine Vorstellungen in die Welt des Unternehmens. Kein Affront, kein Konflikt, nur Kooperation. Seine erste Maßnahme – die mit der höchsten Priorität – erhält Zustimmung. Sie ist begrenzt, klar und höchstwahrscheinlich schon einmal dem einen oder anderen Vordenker der Gruppe in den Sinn gekommen. »Siehste, das hab' ich schon vor Monaten gedacht!«

Klug und erfolgreich ist sein gutgeplantes Vorgehen. Genial ist sein Schachzug, die Neuerungen mit der Erklärung zu verbinden, daß er den Menschen zutraut, diese einzuführen. Er traut den Mitarbeitern sogar mehr zu als diese sich momentan selbst. Und er sagt es ihnen.

Damit tritt der Pygmalion-Effekt auf. Was wir von einem Menschen halten, bestimmt, was er leistet und wie er sich verhält. Wer einen anderen Menschen für zuverlässig hält, veranlaßt ihn bewußt oder unbewußt dazu, sich wirklich zuverlässig zu verhalten. Ein subtiles System von Mikrosignalen, mehr Aufmerksamkeit und vielem mehr bewirkt, daß der Mensch sich dem anpaßt, was wir von ihm denken. Er beginnt, sich dem verpflichtet zu fühlen, er macht sich die Zuschreibung von Eigenschaften und Fähigkeiten zu eigen – und schon erfüllt sich unsere Prophezeiung.

9. Mögen mag ich nicht
(Der unmotivierte Mitarbeiter)

Ein Verkäufer sollte verkaufen, und das beginnt mit der Akquisition, für viele ist das der unangenehmste Teil des Verkaufens. So auch bei einem Key Accounter, der sich auf Drängen seines Verkaufsleiters an uns wandte. Die Situation ist schnell beschrieben. Der Verkäufer läuft Gefahr, seine Position zu verlieren – mit allen Konsequenzen –, wenn er nicht endlich systematisch Akquisition betreibt. Das ist dem Verkäufer klar, er macht sich nichts vor, er beschreibt die Notwendigkeit der Arbeit und drückt sogar eine gewisse Wut auf sich selbst aus. Nur: Er schafft es nicht, zu tun, was er tun muß und auch tun will. Er bringt es nicht fertig, auch nur damit anzufangen. Versuche, sich Minute um Minute zu steigern, sind schon gescheitert. Die Kraft der Einsicht hat ihm nur Muskelkater eingebracht. Er sieht keinen Weg mehr.

Lösungsweg

Wir hören ihm zu. Als er seine Situation beschrieben hat, verpflichten wir ihn darauf, sich auf jeden Fall an unsere Anweisung zu halten. Sonst könnten wir ihm nicht helfen.

Dann verlangen wir von dem Verkäufer kompromißlos, daß er in den nächsten drei Wochen auf gar keinen Fall akquiriere. Das sei sehr wichtig für den Fortgang.

Nach einer Woche ruft der Verkäufer kleinlaut an, entschuldigt sich zerknirscht, er habe die Vereinbarung gebrochen. Das gehe nicht. Er brauche die Erlaubnis, wenigstens zwei Stunden täglich akquirieren zu dürfen. Drei wären besser. Das halte er sonst nicht durch.

Der Verkäufer hat seinen Arbeitsplatz inzwischen wieder sicher.

Unglaublich – Was ist geschehen?

Der Verkäufer hat keine Lust, er weigert sich gegen besseres Wissen, seine Pflicht zu tun. Keine Lust haben ist ein spontanes Geschehen. Wird das spontane Verhalten verordnet, kann es nicht mehr spontan auftreten, das bedeutet, es ist vom Willen nicht zu beeinflussen.[13] Die »Sei spontan!«-Paradoxie zeigt wieder einmal, was in ihr steckt.

Wir verordnen dem Verkäufer, was der ohnehin – freiwillig oder spontan – tut, nämlich Akquisitionsabstinenz. Das Ausweichverhalten rückt in den Status der Pflicht – und macht ab sofort weder Sinn noch Vergnügen. Das Verbotene reizt. Der Widerstand (Ich werde nicht akquirieren!) wird pervertiert – zur Gehorsamsleistung. Und die Aufsässigkeit verwandelt sich in Motivation, Widerstand in Antriebskraft.

Das Frappierende bei diesem Vorgang besteht darin, daß wir nicht nach den Ursachen der Verweigerung forschen müssen: keine Anamnese, keine langwierige Analyse. Nur die Verwendung des Widerstandes für den Menschen und dessen Interessen. Schnell, sicher und dauerhaft. Aber anders. Ganz anders. Irgendwie ver-rückt. Aber es funktioniert. Und darauf kommt es doch an.

10. So schlimm ist es nun auch wieder nicht ... *(Unternehmen im Wandel)*

Die Geschäftsleitung eines mittelständischen Unternehmens der Möbelindustrie sieht sich vor die Notwendigkeit gestellt, das Unternehmen grundlegend umzustrukturieren. In etlichen Anläufen hat sie den Führungskräften ihr Anliegen und ihre Lösungsvorschläge vorgestellt – jedesmal vergeblich. Die Führungskräfte sehen ein, daß etwas geschehen muß. Die Gewinne specken weiter ab, die Kosten steigen, und der Wettbewerb überrascht durch clevere Schachzüge.

Ja, es steht schlimm um das Unternehmen, und alle sind sich einig: Es muß etwas geschehen. Nur was das sein soll, darüber streitet man sich auf das heftigste. Die Neinsager betonen die Risiken, warnen vor modischen Eskapaden und wollen erst einmal aussitzen, bevor sie gar nichts tun ...

Zu diesem Zeitpunkt übernehmen wir die Beratung der Geschäftsführung.

Lösungsweg

Die Geschäftsführung stellt in einem Meeting eine neue Variante ihres Rationalisierungskonzeptes vor und räumt ein, daß es anfangs Mühe macht und Umdenken erfordert.

Ein Mann der mittleren Führungsebene plädiert wieder für das Abwarten, sogar für den Rückzug: »So geht das nicht. So schlimm ist die Lage auch wieder nicht.«

GF: »Sind Sie mit Ihrer jetzigen Situation zufrieden?«

FK: »Nein, sonst säßen wir nicht hier.«

GF: »Was müßten wir tun, damit es noch schlimmer wird?«

FK: »Weiterwurschteln.«

GF: »Also müssen wir etwas ändern. Anders machen heißt: ...«

Es folgen die Thesen und Problemlösungen. Und nach diesem Anlauf kann sich die Geschäftsführung endlich an die Umgestaltung machen.

Unglaublich – Was ist geschehen?

Veränderungen sind immer mit Verlusten verbunden: Man muß etwas Vertrautes loslassen, um etwas Neues ergreifen zu können. Das verwirrt die Gefühle, das verunsichert. Deshalb flüchten die Menschen dann gern in Ausflüchte, Vorwände und Versteckspiele jeder Art.

Oft herrscht über die Ziele selbst Konsens. Nur über den Weg dahin gehen die Meinungen sowohl weit als auch heftig auseinander. Die Geschäftsführung will auch in der Wahl des Weges Zustimmung und Konsens und greift zu einer List als Zwischenschritt.

Sie fragt »verkehrt herum«: »Was müssen wir tun, um alles schlimmer zu machen? Was müssen wir tun, um zu verhindern, daß wir das gemeinsame Ziel erreichen?«[14]

Sobald der eine oder sogar die meisten Negativfaktoren herausgefunden worden sind, ist es viel leichter, einen gemeinsamen positiven Weg zu finden. Die Lösung liegt auf der Hand, man braucht nur die Minus-Aussagen zu spiegeln. Dann ist die Basis für das Einverständnis hergestellt.

Der Weg geradeaus verzweigt sich, führt in die Irre, entpuppt sich als Sackgasse und kostet eine Menge von dem, was die Beteiligten am meisten brauchen: Nerven.

11. Das Biest und die Schöne
(Der Pygmalion-Effekt)

In jedem Unternehmen gibt es Menschen, die den Kollegen das Leben schwermachen. Sie lassen sich ganz ausgefallene Gemeinheiten einfallen, um ihren besonderen Charakter herauszustreichen. Biester, an denen die Mitmenschen scheitern. Sie tun ihre Arbeit, aber ihre höchste Lebensfreude finden sie im Bürokrieg. Viele Feinde – viel Drive. Wer andere zur Raserei bringt, spürt, daß er lebt. Er bewirkt etwas, oft mit kleinstem Einsatz. Wie ein Feuerteufel, der jubelt, wenn er mit einem Streichholz eine Fabrik in Flammen setzt.

Er ist ein Biest, jeder weiß es, und jeder behandelt ihn so. Die Rollen erstarren: hier die Guten, da der Böse.

Lösungsweg

Dann wird eine neue Kollegin eingestellt. Und die kennt die Spielregeln nicht, und sie hält sich nicht an die in der Abteilung geltenden Gesetze. Sie nimmt das Biest in Schutz, verteidigt es und weigert sich, seine Unverschämtheiten zu verurteilen. Eines Tages hört der hinterhältige Kollege, wie sie zu den anderen der Abteilung sagt: »Ihr behandelt ihn schlecht. Das hat er gar nicht so gemeint. Er drückt sich vielleicht ungeschickt aus, aber er meint es nicht böse. Im Kern ist er ein feiner Kerl.«

Als er wenig später auch ihr mit einer ganz üblen Bemerkung eine Falle stellt, schaut sie ihn entwaffnend an und sagt: »Mich können Sie nicht täuschen. Auch wenn Sie so tun, als seien Sie herzlos. Das sind vergebliche Täuschungsmanöver. Ich durchschaue das: Hinter dem rauhen Ton verbirgt sich ein feiner Mensch. Ich weiß, daß Sie sehr sensibel sind und alles versuchen, es zu verstecken.«

Unglaublich – Was ist geschehen?

Die Neue ist die einzige, die es wagt, das Biest zu akzeptieren – und Simsalabim ist es kein Biest mehr.

Es kommt schon einmal vor, daß Biester sich bessern, aber niemals, wenn andere darauf hinarbeiten. Es ist widersinnig: Doch wenn die Kollegen erst einmal aufhören, den anderen bessern zu wollen, dann ändert er sich tatsächlich.

Noch besser, die anderen beginnen, vom Biest besser zu denken, und es beginnt, sie besser zu behandeln. Wir haben es schon wieder mit dem Pygmalion-Effekt zu tun. Was Sie von dem anderen denken, bestimmt, wie er Sie behandelt.

12. Alles nicht ganz kroß

(Brot vom Vortag)

Ein Großbäcker mit einer Reihe von Filialen grämt sich darüber, daß seine Mitarbeiter abends übriggebliebene Backwaren einfach so mitnehmen. Sie könnten das Gebäck zwar kaum noch am nächsten Tag verkaufen. Aber er ärgert sich. Es geht ihm nicht um das bißchen Geld, es geht ihm ums Prinzip. Daß seine Mitarbeiter sich einfach bedienen, will er nicht hinnehmen. Er nennt das Diebstahl. Das will und wird er unterbinden. Er forscht nach und droht, er hält Gardinenpredigten – er ändert damit nichts. Weil sein Ärger steigt, steigt die Gefahr einer Kurzschlußreaktion.

Lösungsweg

Zu vorgerückter Stunde in der Kneipe beim Bier klagt er einem anderen Gast sein Leid. Der rät ihm schon leicht alko-

holisiert: »Schenk denen doch die Klamotten, wirf sie denen hinterher. Sag denen, sie müssen sie mitnehmen, damit die Kunden nicht glauben, sie würden die eigenen Sachen nicht essen. Wegen Dreck oder so ..., verstehste?«

Der Bäcker dachte nachtüber beschwipst und nüchtern am nächsten Tag darüber nach und fand die Idee irgendwie vernünftig. Er folgte dem Rat. Und der Konflikt war spurlos verschwunden.

Unglaublich – Was ist geschehen?

Der Bäcker schafft es, sich eine neue Sicht anzueignen. Er sieht den Sachverhalt mit anderer Einfärbung. Es war »Diebstahl«, jetzt ist es »Ehrensache«. Die Mitarbeiter müssen das eigene Gebäck selbst essen. Denn: Was sollen die Leute denken, wenn sich herumspricht, daß die womöglich ihr Brot anderswo kaufen ... Gar nicht auszudenken!

Für die Mitarbeiter ändert sich alles. Jetzt sollen sie, was sie bisher wollten. Und alles, was verordnet wird, verliert den Reiz. Es war eine Art Sport, jetzt tun sie, was der Chef von ihnen erwartet.

Wie es wohl kommt, daß schließlich viel weniger nach Hause getragen wird als vorher?

13. Rapport und Rapoport
(Indirekte Befragung)

Im Unternehmen Licht & Schatten häufen sich die Konflikte. Die Mitarbeiter behandeln einander mit Argwohn, sie reden kaum mehr als das unbedingt Erforderliche miteinander, und schon beeinträchtigt das gestörte Betriebsklima auch die Außenbeziehungen. Die Führungskräfte rufen die Zerstrittenen an einen Tisch, um die Konflikte zu lösen: Mit etwas gutem Willen auf beiden Seiten muß doch etwas zu machen sein. Die Führungskräfte haben ihre Hausaufgaben gemacht und viel über Konfliktlösungsstrategien gelernt, einschlägige Dialektik studiert und mahnen zur Sachlichkeit. Unter ihrer Moderation soll über alles gesprochen werden. Man will um jeden Preis wieder Rapport[15] herstellen. Die Bemühungen schlagen fehl. Keiner ist bereit, sich zu äußern. Nur nichtssagende und karge Antworten, aber keine Vorwürfe, keine Behauptungen und keine Ansatzpunkte.

Lösungsweg

Als sich die Menschen in Schweigen einmauern, riskiert einer der Manager eine neue Technik. Er spricht gezielt einen der Teilnehmer an und fragt ihn: »Wenn ich die Kollegen aus der Abteilung A fragen würde, was der Grund für diese unangenehme Situation ist, was, glauben Sie, würden die Kollegen antworten?«

Ohne zu zögern antwortet der Angesprochene: »Die würden behaupten, daß wir ihnen das Wasser abzugraben versuchen!«

»Das ist nicht wahr! Wir meinen, ihr ...«, protestieren zwei Kollegen der Abteilung A.

Noch einmal droht der Redefluß abzureißen. Der Manager greift erneut zu dieser Technik: »Was fürchten wohl die Menschen Ihrer Abteilung am meisten, wenn sich der Vorschlag der anderen durchsetzen könnte?«

Schon wieder gibt es wichtige Aussagen en masse.

Bis zur Regelung der Beziehungsstörungen haben die Führungskräfte noch viel zu tun, aber nie hatte ihre Arbeit mehr Aussicht auf ansehnlichen Erfolg.

Unglaublich – Was ist geschehen?

Direkte Befragung birgt Gefahren für den einzelnen, zumal in einer solchen Situation: Gruppendruck, Ablehnung durch die Vorgesetzten, offene oder verdeckte Anfeindungen der anderen Beteiligten, und oft genug wird schon die zutreffende Formulierung als bedrohlich erlebt. Also rette sich, wer kann! Wer nicht fliehen kann, entzieht sich durch Schweigen: »Sollen doch die anderen sagen, was sie wollen. Ich sage nichts.«

Der Trick besteht darin, nicht direkt die Meinung abzurufen (viel zu gefährlich!), sondern konsequent indirekt vorzugehen. »Was glauben Sie, denken die anderen?«

»Wenn ich die anderen fragen würde, wie sie das Problem sehen, wie würden sie es beschreiben?« oder »Was vermuten wohl die meisten hier im Raum, warum die Kollegen das nicht tun?« Unter der Maske der Vermutung, der Spekulation bleibt der Antwortende in Deckung. *Er* meint das doch nicht. *Er* weiß doch nicht, warum. Es ist *reine* Vermutung. Und darauf kann kein Mensch festgelegt werden. Das kann man sagen, ohne Repressalien befürchten zu müssen.[16]

Es ist die exzellente Form der Kommunikation, wenn man geradezu heraushören kann, wie die Kontrahenten sagen:

»Ich weiß genau, was die vorhaben!«

»Ich weiß genau, was die denken!«

»Ich weiß genau, was ihr sagen wollt!«

Der erste Teilerfolg: Die Führungskräfte wissen, welche Verdächtigungen, Befürchtungen oder Pläne im Spiel sind.

Diese Äußerungen provozieren spontane Reaktionen: »Wie können Sie so etwas glauben!« – »Ich hatte keine Ahnung, daß Sie das von mir denken! Ich wollte Ihnen niemals ...« Diese Technik verhindert Explosionen und löst oft die Fassungslosigkeit der anderen aus.

Der zweite Teilerfolg: Feedback der Betroffenen klärt die Beziehungen, jeder erfährt endlich einmal mehr von den anderen, und oft genug zeigt die Betroffenheit über das Gehörte allen, daß keine Feinde am Tisch sitzen.

Rekapitulieren wir step by step:

1. Angst nehmen durch Antwort »um die Ecke«: Was denken/befürchten/planen die anderen? Was denken die anderen wohl, was Sie denken? Wenn man die anderen fragen würde, worüber die sich ärgern, was glauben Sie, würden die antworten? usw. Immer hypothetisch, immer vage und indirekt.
2. Die Aussage wird höchstwahrscheinlich als unzutreffend zurückgewiesen. Fast niemand kann der Versuchung widerstehen, einen anderen zu korrigieren.
   Sie kennen das. Wenn A zu B sagt: »Ich kenne Ihr Parfum. Es ist Flowerpower.« – »Nein! Sie irren. Es ist Moonlight!«
3. Nicht nur die Führungskräfte erfahren jetzt, worum es in diesem Konflikt geht. Auch die Beteiligten erhalten unmittelbar und direkt Informationen, die es mit den Spekulationen und Mutmaßungen der einzelnen aufnehmen können.

14. Einfach so als ob ...
(Die heilsame Hypothese)

Der dynamische Geschäftsführer eines Verlages hat alle, auch die schwierigsten Aufgaben bisher mühelos bewältigt. Ein Problem hat er, und er glaubt, sich damit abfinden zu müssen: Der Betriebsleiter behandelt ihn mit ausgeprägter Arroganz, an der er verzweifelt. Er fürchtet ihn und seinen ironischen Tonfall schon, wenn er nur von ihm erzählt. »Wenn ich ihn nur entlassen könnte! Aber er hat viel drauf, und Ersatz für ihn bekomme ich nicht leicht! Es ist ein Kreuz mit diesem Schnösel.« Ausführlich schildert er die schnippischen Antworten, das protzige Auftreten und das schiefe Grinsen. »Der wartet nur darauf, daß ich etwas Dummes sage. Wenn der mal eine schwache Stelle bei mir findet, dann kann ich einpacken.«

Der Mann leidet und versucht erst gar nicht, es vor dem Berater zu verbergen.

Lösungsweg

Der Berater fragt nicht nach Einzelheiten, sondern fordert den Geschäftsführer zu einem ungewöhnlichen Spiel heraus.

»Sind Sie bereit, etwas ganz Verrücktes auszuprobieren? Es ist ein merkwürdiges Experiment, das nur bei einer bestimmten Konstellation funktioniert. Verhalten Sie sich bei dem nächsten Meeting so, als ob dieser Mann Angst vor Ihnen hätte! Wenn er Sie wieder so von oben herab behandelt, dann sagen Sie ihm am Ende des Meetings, daß er sich stets Ihrer Protektion sicher sein kann. Trauen Sie sich das zu?«

»Natürlich traue ich mir das zu. Aber der hat garantiert keine Angst vor mir! Es ist eher umgekehrt! Der ist wirklich arrogant!«

»Ich glaube Ihnen das. Für dieses Experiment ist das nicht wichtig. Es geht nur darum, daß Sie ihn beim nächsten Meeting so behandeln, *als ob* er Angst vor Ihnen hätte. Versuchen Sie es!«

Der Geschäftsführer verspricht, in der nächsten Woche alles so zu tun. Er wird sich während der ganzen Zeit entsprechend verhalten. »Aber bei dem Mann wird das wenig helfen …«

Ein paar Tage später, beim Beratungsgespräch zuckt er die Achseln: »Es war irgendwie komisch. Diesmal hat der Betriebsleiter wahrscheinlich kurz vorher eine tolle Frau kennengelernt oder so. Er war ganz anders. Gar nicht arrogant. Ein merkwürdiger Zufall.«

Unglaublich – Was ist geschehen?

Bestimmt war es kein Zufall. Es war das Ergebnis einer neuen Hypothese.

Der Geschäftsführer braucht nicht einmal daran zu glauben, daß der Betriebsleiter aus Angst arrogant aufgetreten ist. Allein die Vorstellung, die imaginäre Annahme reicht, um aus der verfahrenen Beziehung eine Brücke zu praktischen Resultaten zu schlagen.

Ganz typisch ist, daß sich der Geschäftsführer als Opfer fühlt. Seine Hilflosigkeit überwältigt ihn. Er erlebt sich als nur reagierend, abhängig von dem, was der andere ihm bietet. Nun ist aber für Dritte klar, daß er selbst genauso auch die Ursache für das Verhalten des anderen ist. Das, was er von dem anderen denkt, drückt sich in kleinsten Signalen aus, auf die der andere reagiert. Beginnt er etwas anderes von seinem Partner zu denken, sendet er unbewußt andere Signale – und schon handelt der andere anders: Er be-handelt ihn anders.

Unbewiesene Annahmen bestimmen fortwährend unser Leben. Woher können wir wissen, aus welchem Grund der Betriebsleiter sich so verhält? Vielleicht merken seine Kollegen gar nichts von der »unübersehbaren Arroganz«. Das hat keine Bedeutung für die Lösung. Auch die Als-ob-Vorschrift erhebt keinerlei Anspruch auf Wahrheit oder Wirklichkeit. Sie basiert auf einer reinen Annahme, einer nützlichen Annahme, die zu mehr oder weniger wünschenswerten Ergebnissen führt. Es geht hier nicht um Wahrheit, nicht um die »wahre Wirklichkeit«, es geht um Wirksamkeit.

Wenn jemand bei der Anwendung dieser Technik Skrupel haben sollte, dann sollte er sich fragen, woher er die Gewißheit nimmt, daß seine Erklärung die wahre ist. Nicht einmal dann, wenn zahlreiche Menschen in der Annahme übereinstimmen oder wenn der Betreffende selbst die Erklärung gegeben hat, kann man sich ganz sicher sein. Oder?

Die Wirklichkeit wird von uns nicht entdeckt, sondern erfunden. Jede neue Hypothesenbildung zur Erklärung der Wirklichkeit bedeutet mehr Handlungsspielraum.

15. Ich würde mal sagen ...
(Unsinnigkeitsmethode und Storno)

Oder: Um die Wahrheit zu sagen, müßte ich lügen.

Mehr desselben führt letztlich dazu, daß die Lösung zum Problem wird. Was bisher half, ist jetzt von Übel. Eine Schmerztablette lindert den Schmerz, jeden Tag eine Schmerztablette, und der Patient gerät in Abhängigkeit – und bekommt Schmerzen. Kunden sollen einem Lieferanten treu bleiben; so entstehen Kundenbindungssysteme. Sind alle Kunden gebunden, erliegt der Markt einer Paralyse. Wer an Gewohnheiten, bewährten Produktionsverfahren oder festen Lieferantenbeziehungen etwas ändern möchte, steht vor der Herkulesaufgabe, den besten Klebstoff der Welt aufzuweichen: Es geht doch gut, warum soll ich etwas ändern?

Genauso wie eine Lähmung jedes Loslassen und Ergreifen ausschließt, so verharrt der Partner regungslos und passiv. Er scheint an seinen Entschlüssen von gestern und vorgestern zu kleben, daran zu zweifeln heißt, an seinem Erfolg zu zweifeln.

Mit jedem starken Argument des Verkäufers verstärkt sich diese Regungslosigkeit. Von einem bestimmten Punkt an zählt jeder Treffer des Verkäufers als Doppelfehler.

Lösungswege

»Ich weiß, daß ich Ihnen das nicht sagen sollte, denn was sollen Sie von einem Verkäufer denken, der Ihnen solche Dinge sagt? Streng im Vertrauen möchte ich Ihnen aber doch verraten, wie ich Ihre Lage sehe. Sie haben eine Form zu produzieren gefunden, um die Sie von den meisten beneidet werden. Sie haben Ihren Marktanteil trotz der Rezession gehalten, Sie schreiben schwarze Zahlen, und Sie expandieren …« Der Verkäufer malt den Sachverhalt anschaulich aus und bleibt konsequent bei positiven Aspekten.

Nach einiger Zeit sagt der Kunde ganz irritiert: »Wie können Sie als Verkäufer nur so etwas sagen? Als Unternehmer sollte ich mich allen Neuentwicklungen öffnen und dem Wettbewerb nicht die Innovationen überlassen. Mit Tradition kommt man nicht weit …«

Der Verkäufer reagiert zögernd: »Es gibt da noch eine Möglichkeit, aber das ist nichts für Sie.«

»Nun sagen Sie schon!«

»Ich fürchte, die Lösung ist wirklich nichts für Sie. Ich weiß, sie ist für Sie völlig unannehmbar.«

»Nun los, machen Sie es nicht so spannend.«

»Es wird Ihnen bestimmt nicht gefallen. Ich kann es Ihnen nicht vorschlagen …«

»Nun raus mit der Sprache!«

»Wenn ich nicht bei Wolfgang Denz arbeiten würde, würde ich Ihnen jetzt sagen: Mit dem Alpha-Prozessor erzielen Sie schon nach einer kurzen Umstellungsphase fünfzehn bis zwanzig Prozent mehr Gewinn – und …«

Unglaublich – Was ist geschehen?

Unsinn + Vernunft = Stagnation

Wer den Wandel herbeiführen will, braucht nur den Faktor Vernunft auszutauschen, denn der Kunde hält an seinem Faktor »Unsinn« fest.

Unsinn + »Unsinn« = Veränderung

Der Kunde erwartet, daß der Verkäufer Druck macht. Er erwartet Argumente, die seine Position erschüttern. Statt dessen bestärkt der Verkäufer die Position des Kunden. Das erzeugt automatisch eine Gegenposition.

Die Kehrtwende nutzt der Verkäufer, um mit der Rücknahmetechnik auf die Existenz einer Lösung hinzuweisen. Der Partner hat sich nicht nur geöffnet, er wird jetzt neugierig.

Als nächstes bringt der Verkäufer eine paradoxe Variante ein. Falls der Kunde noch den Verdacht hegen sollte, der Verkäufer rede sowieso nur pro domo, beugt der Verkäufer dem vor mit sehr klugem Unsinn. Er paradoxiert seine Lösung mit dem Einleitungssatz: »Wenn Sie nicht solch ein scharfer Denker wären, würde ich Ihnen sagen ...« Oder: »Wenn ich nicht Mitarbeiter bei ... wäre, würde ich sagen ...« Aber er *ist* Mitarbeiter bei ...! Wenn das logisch prüfende Gehirn jetzt »Error! Error!« funkt, ist es schon passiert: Die Information ist angekommen.

Die Lösungswege lassen sich um mindestens zwei Varianten erweitern.

Der Verkäufer kann die Widerspruchskräfte für seine Zwecke gezielt nutzen. Angenommen, er sagt an der Stelle, an der er dem Kunden die Lösung anbietet:

»Es gibt eine Lösung. Nur die ist unglaublich unbequem. Das ist nur etwas für ganz wenige. Ich fürchte, das können nicht einmal Sie in Ihrem Unternehmen realisieren: ...« Das scheint nur eine Entmutigung zu sein. Diese Einleitung wirkt jedoch enorm aktivierend: Doch! Das schaffe ich! Wetten ...?!

Der Verkäufer hätte dem Kunden auch den Rat geben können, sich Zeit zu lassen. Mit diesem Rat lassen sich erfolgreich Zweifel oder Unsicherheit kombinieren. Der Kunde beginnt zu schwanken. Er spürt, daß der Verkäufer die Sache zutreffend eingeschätzt hat.[17]

Angst vor dem Widerstand des Kunden ist verständlich, intelligenter Umgang mit dem Widerstand des Kunden macht Spaß. Allen.

16. Ja, aber ...
(Misanthrop im Seminar)

Ein Misanthrop, ein Menschenfeind, vom feinsten fällt im Seminar dadurch auf, daß er allen ungefragt beweist, wie schlecht die Menschen sind. Alles deutet er so, daß sich immer dieselbe Philosophie bestätigt: Der Mensch ist ein Un-Mensch. Die Teilnehmer ziehen sich irritiert zurück, geben befremdet Einwände, argumentieren engagiert oder lehnen ihn offen ab. Für ihn passen alle Informationen zusammen: Er hat es schon immer gewußt.

Lösungsweg

Der Trainer setzt eine Übung an, die ganz darauf ausgerichtet ist, das Vertrauen untereinander zu stärken. Alle Teilnehmer beweisen ihre Vertrauenswürdigkeit. Nur der Trainer verhält sich wie ein Schuft.

In dem Augenblick steigt der Menschenfeind heftig in die Beweisführung ein, das habe der Trainer nur getan, damit er – der Teilnehmer – seine These bestätigt finde. Der Trainer bestreitet das. Der Teilnehmer betont mit erheblichem Nachdruck, das sei kein echtes Verhalten, das sei gespielt, er glaube einfach nicht, daß der Trainer sich wirklich so verhalten hätte ...

Mit anderen Worten: So schlecht, wie der Trainer sich verhalten hat, ist er in Wirklichkeit nicht!

Unglaublich – Was ist geschehen?

Der Trainer dreht den Spieß um, verhält sich unfair, entspricht genau dem, was der Teilnehmer behauptet. Und schon ist dieser in eine unhaltbare Situation gestellt. Er versteht sich als der Gegenpol. Er verneint, was geschieht.

Zeigt der Trainer ein feindseliges Verhalten, wird der Teilnehmer durch seine Neinsagerrolle zur Leugnung gezwungen: Das ist nicht deine wahre Einstellung. Du bist kein Schuft.

Und schon entwertet er seine These selbst.

Einsicht geht der Verhaltens- und Einstellungsänderung nicht voraus. Wenn überhaupt, dann folgt sie ihr.[18]

Dasselbe Muster von Spruch und Widerspruch beherrscht die Kommunikation, wenn einer der Partner stereotyp »Ja, aber ...« erwidert.

A: »Was soll ich nur machen? Der Chef macht mich krank.«
B: »Laß dich nicht unterkriegen! Zeig', was du draufhast!«
A: »Ja, das habe ich schon probiert, aber der Kerl sitzt am längeren Hebel.«
B: »Dann wirf die Brocken hin! Kündige doch!«
A: »Ja, daran habe ich auch schon gedacht. Aber der Arbeitsmarkt ...«
B: »Dann red doch mal ganz vernünftig mit ihm.«
A: »Ja, das hat Peter auch schon gesagt, aber der Mann kann einfach nicht ...«

Egal, was B vorschlägt, A hält dagegen. Wenn B also will, daß A konstruktiv denkt und antwortet, dann muß er den Spieß wieder einmal umkehren und »ver-rückt spielen«. Obwohl er selbst gute Lösungen vorschlagen könnte, reagiert er jetzt ganz anders:

B: »Du hast ganz recht. Der Kerl ist nicht auszuhalten. Aber da kann man eben nichts machen ...«
A: »Ja, aber das kann doch gar nicht sein! Da muß es doch irgend etwas geben ...«

B: »Ja schon, aber was? Mir fällt da nichts ein ...«
A: »Kämpfen, ich werde kämpfen. Ich lasse mir das einfach nicht länger gefallen.«
B: »Ja, gut, aber das hast du doch schon ausprobiert. Der Kerl sitzt am längeren Hebel.«
A: »Dann schmeiße ich ihm die Brocken hin. Ich kann kündigen!«
B: »Ja, das kannst du, aber denk' an den Arbeitsmarkt!«
A: »Dann red' ich einfach mal ganz vernünftig mit ihm ...«[19]

Wenn man das Aber-Spiel falsch herum spielt, dreht es sich wie ein Karussell, das außer Kontrolle geraten ist. Wenn man es richtig herum spielt, wirkt es heilsam. Manchmal lindert man das Leiden, indem man es verstärkt. Die Amerikaner sagen: »You've got to be cruel to be kind.« (»Du mußt grausam sein, um nett zu sein.«)

17. Typen und Prototypen
(Bewegendes von der Automobilindustrie)

»Ja, wir wissen, das ist ein Problem, aber bevor wir uns in riesige Investitionen stürzen, müssen wir sicher sein, daß die Nachfrage anhält.«

Nur: Die Nachfrage hält nur dann an, wenn diese Investitionen ausreichend getätigt werden.

Lösungsweg

»Kennen Sie die Situation, in der die Dinge zunächst immer besser werden, bis die positive Entwicklung plötzlich aus rätselhaften Gründen abbricht?«

Der Kunde wird nachdenklich. Das hat er schon einmal erlebt.

»Das ist eine Gesetzmäßigkeit. Jeder kennt das von Optimierungs- und Wachstumsprozessen: An einem bestimmten Punkt hört das Kind auf zu wachsen. Mit einem bestimmten Produkt oder Produktionsverfahren erzielt man ganz bestimmte Maximalergebnisse. Mehr geht nicht. Wer diesen Absturz ausschließen will, führt noch in der Erfolgsphase etwas Neues ein.«

Der Kunde schweigt.

»Richtig, Marketing nennt das ›Relaunch‹. Das ist etwas, was viele Verantwortliche immer wieder als Wahnsinn empfinden. Viele werden damit überfordert, weil es wirklich sehr viel verlangt.«

»Können Sie mir denn eine Garantie dafür geben, daß das auch wirklich funktioniert, wenn wir jetzt schon umstellen?«

»Das hängt ganz davon ab, wie Sie selbst an die Sache herangehen und wieviel Unpopuläres Sie zulassen.«

Unglaublich – Was ist geschehen?

Die satten Marktführer wissen, was sie an ihren Star-Produkten haben. »Keine Experimente! Weiter so! Lernen – wozu? Wir sind die Besten! Neue Produkte? Die könnten nur schlechter sein als die, die wir anbieten. Womöglich funktionieren die anfangs nicht, und die schlucken F&E-Kosten![20] Wir wären schön blöd!«

Bei dauerhaft Erfolgreichen ist es so: Wenn ein neues Modell gerade enthüllt oder vorgestellt wird, arbeiten die Ingenieure bereits an der Entwicklung eines Nachfolgemodells. Täten sie das nicht, verspielten sie ihre Zukunft.

Schon möglich, daß ein Unternehmen diese Fakten nicht klar sieht. Sicherheit und Logik bestimmen die Unternehmenspolitik. Dann wird ein guter Verkäufer oder Berater zum Unternehmens-Lebensretter. Mit Vernunft gegen Logik.

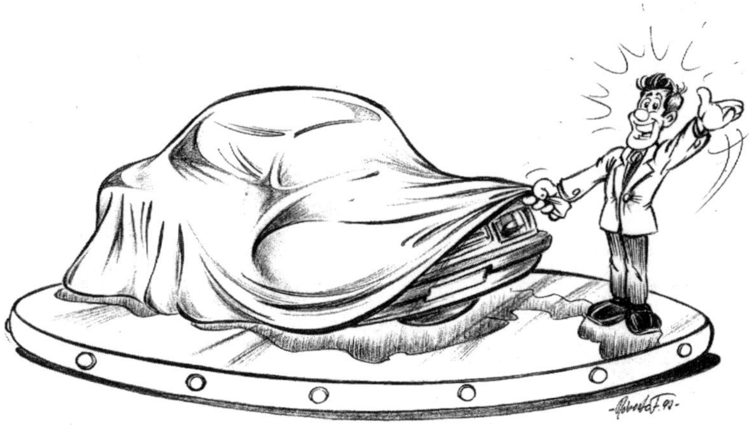

In der Automobilindustrie wundert sich niemand: Kaum sind die Tücher vom neuesten Modell in den Schaufenstern heruntergerutscht und kaum sind die Zahlen des laufenden Modells veröffentlicht: ein Superseller, ein Modell ohnegleichen; es übertrifft die kühnste Hoffnung der Geschäftsleitung, und doch – schon entwickelt man für eine »dreistellige Millionensumme« einen neuen Wagen. Verrückt? Noch verrückter wäre es, es nicht zu tun.

Unternehmen neigen wie Individuen dazu, an einer bestimmten Lösung festzuhalten. Besonders gravierend zeigt sich dieses Festhalten, wenn es mühsam, langwierig oder gefährlich war, diese Lösung zu finden. Am vehementesten hält man an einer Lösung fest, wenn sie dem System großen Erfolg eingebracht hat. Für die Schweizer Uhrenindustrie hätte deswegen beinahe die letzte Stunde geschlagen. Sie war der Meinung, die perfekte Uhr erfunden zu haben – und damit auf beiden Augen blind dafür, daß der Siegeszug der Quarzuhr längst begonnen hatte.

Mit der Zeit verkommt die Lösung zum Problem.

Es reicht nicht, mit neuen Modellen nachzuziehen. Wenn sie nicht ihrer Zeit voraus sind, dann sehen sie schon beim Erscheinen alt aus.

In anderen Branchen erscheint diese Investition – in Zeiten florierender Geschäfte! – so verrückt, daß es mit erheblicher Mühe verbunden ist, Entscheider dazu zu bewegen. Leichte Verbesserungen, Korrektur am Bestehenden – darüber könnte man sprechen. Aber ein radikal neuer Ansatz?! Symptomatische Lösungen sind so verlockend. Sie bewirken eine sofort sichtbare Verbesserung.

Symptomatische Lösungen verschleiern jedoch nur die Verschiebung des Problems. Tatsächlich lauert die Struktur der Problemverschiebung hinter vielen Lösungen, die den Anschein erwecken, als funktionierten sie gut. Problembewußte Menschen spüren, daß sie irgendwie am Problem vorbeigehen.

Menschen kümmern sich um die Probleme, die sie haben, und nicht um die, die sie noch nicht haben. Eine Problemlösung im Bereich A kann durchaus ein Problem im Bereich B erzeugen.

In dem Lösungsbeispiel provoziert der Verkäufer zuerst den Zweifel an der zwangsläufigen Dauer des Erfolges. Er stellt nicht den gegenwärtigen Erfolg in Frage, sondern die Kontinuität. Keiner kennt die Zukunft, aber die Vorläufigkeit und zeitliche Begrenzung von Wachstumsprozessen hat jeder vor Augen. Im Höhenrausch der Absatzzahlen verfallen die Entscheider leicht der Versuchung, fahrlässig auf ihr Glück zu vertrauen und ihre Anstrengung nur auf die Konservierung der Gegenwart zu richten. Man sagt zum Augenblick: »Verweile doch, du bist so schön!« Ob er der Einladung folgt?

Der Widerstand des Kunden ist eine Kraft, die der Verkäufer nicht in jedem Fall zu brechen hat, sondern eine Kraft, die er sich zunutze machen kann. Eine Kraft, die gerade in festgefahrenen Situationen gut verwendet werden kann. Wo die rationale Nutzenargumentation nicht greift, greift der Star-Verkäufer zur Verschreibung des Widerstandes:

»Das ist schwer. Nur wenige schaffen das rechtzeitig.« Sofort regt sich der Widerstand des Gesprächspartners: »Ich schon!« Die Handlungsenergie ist aktiviert! Ready to take off.

Der Kunde sucht Sicherheit in dieser Situation: Wie sieht die Garantiequote aus?

Und der Verkäufer verspricht nichts: Das würde seine Glaubwürdigkeit beeinträchtigen. Er macht für den Erfolg den Kunden verantwortlich – oder doch wenigstens mitverantwortlich: »Wieviel können Sie leisten?«

Image, Selbstverständnis und Marktmacht schützen ein Unternehmen nicht vor strategischen Fehlern. Das hohe Ansehen, das ein Unternehmen genießt, kann sogar gegen das Unternehmen gerichtet werden. Gerade angesehene Unternehmen fürchten Absturz, Prestigeverlust oder Bloßstellung. Ein Unternehmen, das sich seiner Tradition rühmt, läuft Gefahr zu verstauben und zu erstarren. Eines, das sich risikofreudig nennt, weiß, daß es stets durch gewagte Spekulationen und extensive Innovationen ruiniert werden kann.

Qualitäten wie Entschlossenheit und Entscheidungsfreude lassen sich gegen ihren Träger richten, wenn man ihn in ein sinnloses Unterfangen verwickelt oder es ihm unterstellt. Unter diesen Umständen wandelt sich seine Stärke zur Schwäche. Er neigt dazu, auch dann auf seinem Ansatz zu beharren, wenn aufgrund aller Umstände längst Rückzug geboten wäre.

Zögerlichkeit und Festhalten am Bewährten scheinen in turbulenten Zeiten trügerisch ratsam. Sogar diejenigen, die in ruhigen Zeiten offen für Neues sind, halten sich an das Prinzip der Reiter (»Aussitzen!«), wenn sie die Orientierung verlieren.

Lösungsweg

In einem solchen Fall zeigte ein Verkäufer ungewöhnliches Verhandlungsgeschick.

Aus Sorge, vom Verkäufer überredet zu werden, verschließt sich der Kunde mehr und mehr. Jeder intelligenten Argumentation unzugänglich, macht der Kunde Anstalten, das Gespräch zu beenden. Der Verkäufer scheint aus seiner Rolle auszusteigen und einen privaten Ton anzuschlagen. Wie in Gedanken erzählt er: »Wissen Sie, ich muß in diesem Gespräch immer wieder daran denken, daß ich vor einigen Jahren – es war in der letzten Rezession – mit einem Geschäftsführer zusammensaß, der ...«

Der Verkäufer schildert den Fall des *gegenwärtigen* Kunden, der ihm gerade gegenübersitzt. Und der hat jetzt zwei Möglichkeiten der Antwort.

»Das ist ja so ähnlich wie bei mir!«

»Und was, glauben Sie, hat der getan?«

Der Kunde nennt seine (eigene!) Lösung.

Und dabei hat er nur zwei Möglichkeiten: Entweder er wählt die Lösung: kein Wechsel! oder aber: mutige Entscheidung! In diesem kleinen Spiel nennt er ganz sicher seine (eigene!) Lösung. Und der Verkäufer bestätigt, wofür auch immer der Kunde sich entscheidet:

»Genau das hat er getan! Und heute hat er ...«

Dann beschreibt er die Folge.

Unglaublich – Was ist geschehen?

Der Verkäufer verfremdet die Situation des Kunden und ermöglicht ihm so, sich etwas distanzierter damit zu beschäftigen. Allein dieser Abstand entkrampft und verändert die Perspektive.

Wenn der Kunde seine Lösung beschreibt, gibt es zwei Möglichkeiten. Entweder er beschreibt die Lösung des Aussitzens, eine Scheinlösung, dann schließt der Verkäufer mit der Konkursversion. Beschreibt der Kunde die mutige Wendung, dann schließt der Verkäufer mit dem Happy-End.

Sie spielen keine Spiele? Dann lesen Sie bitte noch einmal die Seite 36. Und ein Spiel ist es, weil es nach festen Regeln verläuft. Wenn Spieler davon nichts merken, ändert das nichts daran.

Auch in der Automobilindustrie gibt es viel Widersinniges. Vor einiger Zeit beschlossen die großen Konzerne, die Anzahl der Zulieferer drastisch zu reduzieren. Daß diejenigen, die am wenigsten leistungsfähig erschienen, aus dem Rennen geworfen wurden, das mag man gut oder grausam finden. Es hat eine gewisse Logik. Nur im weiteren Verlauf schleicht sich die Paradoxie wieder in das Spiel: Wer nicht in der Grundmenge der Lieferanten enthalten ist, kommt nicht in die Schar der Glücklichen hinein, was immer er auch zu bieten hat. Er kann der stärkste Anbieter aller Zeiten werden; er hätte keine Chance, während der Reduzierung dazuzukommen. Vermutlich auch danach kaum. Ließe man das nämlich zu, würde diese Entscheidung das Prinzip der ganzen Maßnahme ad absurdum führen: Die Anzahl der Zulieferer wird kontinuierlich verringert.

Lösung

Wenn der Entscheider keiner Logik zugänglich ist und wenn der verborgene Unsinn nicht geklärt werden kann, dann bietet sich wieder der Unsinn selbst an: Der Lieferant schildert ein Szenario, in dem nach und nach alle auserwählten Zulieferer wegfallen ...

18. Wer orientiert sich an der Kunden-orientierung?
(Hawthorne-Effekte)

Im Mittelpunkt der Aufmerksamkeit steht alles mögliche, nur nicht die Hauptsache. Egal, ob Produkte entwickelt oder vertrieben werden, egal, ob Marketingstudien und Wettbewerbsanalysen immense Summen verschlingen: Das Unternehmen denkt von sich aus und nur an sich. Der Kunde – ach ja, den gibt's auch noch. Er zählt noch – als Lästigkeitsfaktor.[21] Nur fällt der den Entscheidungsträgern gar nicht ein. Er fällt nur in einem Fall auf, nämlich im Störfall. Wenn er nicht wie geplant mitspielt.

Spötter behaupten, Marketing sei nur erfunden worden, um die Unternehmen wissenschaftlich in ihrer Egozentrik zu stützen: »Der Markt will es so.« Erstaunlich ist, daß man diesen Satz immer hört, wenn Kunden etwas anderes wollen als das Unternehmen. »Der Markt verlangt nicht nach längeren Öffnungszeiten.« Unverständlich, daß die Diskussion und die Gesetzesänderung vom Markt erzwungen wurden. Eine viel zu kurze Testphase von nur zehn Wochen dient als willkommene Ausrede. »Wir haben es probiert. Es hat sich nicht gelohnt.« – »Das verlangt der Markt nicht« ist die Antwort auf eine Anfrage, die ins Leere geht.

Da weiß jemand, was der Markt will, kann, braucht oder ablehnt. »Woher wissen Sie das?« – »Na, hören Sie mal, ich bin seit zwanzig Jahren im Fach!«

Wer hat einmal gesagt, daß man eine Sache auch zwanzig Jahre lang falsch machen kann?

Und wie ist das mit Marketing nach allen Regeln des wissenschaftlichen Anstands? Wenn ganz objektiv geforscht wird? Wer von sich behauptet, er sei objektiv, behauptet, er könne sehen ohne seine Augen, hören ohne seine Ohren und denken ohne sein Gehirn. Alles Wahrnehmen ist subjektiv.[25]

Naturwissenschaftler bemühen sich darum, die Subjektivität gezielt zu kontrollieren. Was hilft es, wenn schon die Fragen, die wir stellen, die Antworten implizieren? Was wir nicht fragen, beantwortet uns kein Experiment. Antworten, die nicht ins Schema passen, fallen der Bereinigung des »Schmierfaktors«[23] bei empirischen Untersuchungen zum Opfer.

Mit anderen Worten: Kunden werden nur zu dem befragt, was dem Unternehmen genehm ist. Das nennen die Unternehmen nur zu oft »Marketing«. Affirmation durch Empirie.

Dabei sollte Marketing leisten, was überfällig ist: die Orientierung auf den Kunden. »Orientierung« leitet sich ab von »Orient«, dem Ort, von dem man das erste Licht des Tages kommen sieht. Nach welchen Untersuchungen geht den Unternehmen ein Licht auf?

»Kundenbefragungen haben ergeben, daß unser Service in angemessenem Umfang geleistet wird, daß unsere Produkte den Bedürfnissen der Kunden entsprechen ....« Übrigens: Lippenbekenntnisse können auch schriftlich in der Unternehmensphilosophie abgelegt werden. Die Verpflichtung auf den Kunden rangiert in der Unternehmensphilosophie ganz oben. Die Ergebnisse der Befragung beweisen, wie richtig dieser Schritt war. (Wenn nur die Umsätze nicht so rapide zurückgingen!)

Lösungsweg

Der neue Vertriebsleiter macht sich einen Spaß daraus, Ernst zu machen mit der propagierten Kundenorientierung.

Er fragt: »Wer ist das, unser Kunde?« Er will Namen, Eigenschaften, Persönliches.

Er fragt: »Wer ist nicht mehr unser Kunde?« Details!

Er fragt:«Wer ist noch nicht unser Kunde?«

Er fragt: »Was will unser Kunde wirklich? Woher wissen

wir das? Wie haben wir gefragt? Was haben wir mit den Antworten gemacht, die uns nicht gefallen?«

Er fragt weiter: »Wann haben wir zuletzt unseren Kunden dabei beobachtet, *wie* er unser Produkt benutzt?« usw.

Er fragt es immer wieder. Er fragt es alle im Unternehmen. Unermüdlich.

Und noch eine Maßnahme ergreift er: Die Führungskräfte lernen, die Mitarbeiter des eigenen Unternehmens freundlich und respektvoll zu behandeln.

Bevor Produktion oder Distribution verändert worden sind, steigen die Umsätze kontinuierlich wieder an.

Unglaublich – Was ist geschehen?

Aufmerksamkeit ist das Zauberwort. Einmal jährlich zum Jahresabschluß oder zum Geburtstag des Chefs nach dem Kunden schauen – dann geht man wieder ans Geschäft und macht bald keins mehr.

Kundenorientierung läßt sich nur mit dem Zustand akuten Verliebtseins vergleichen: Was auch immer ein Verliebter tut, seine Gedanken kreisen nur um den anderen. Alles, was der geliebte Partner tut, ist von Interesse, jede Änderung fällt dem Partner auf, ein leichtes Stirnrunzeln läßt ihn aufmerken.

Auch an dem Kundenorientierungsprojekt klebt vieles, was nicht vernünftig zu erklären ist. Zum ersten Mal fühlen die Kunden sich gebührend beachtet. Allein das bewirkt ein mittelgroßes Marketingwunder. Ob allen Wünschen und Vorstellungen entsprochen wird, ist weniger wichtig als die Beachtung selbst. Der Kunde fühlt sich anscheinend »gefragt«.[24]

Wie bei allen Beziehungen basiert die Wahrnehmung von Sympathie und Nähe nicht auf den Ursachen, wie sie wirklich sind, sondern darauf, wie die Kunden das Unternehmen sehen. Der Glaube wiederum läßt sich durch gezielte Steuerung des Eindrucks beeinflussen.

Jede Kundenorientierung beginnt dort, wo ihr Beginn nicht unbedingt vermutet wird: bei der Stimmung der Menschen im eigenen Haus. Deshalb stimmt die Formel: wie innen, so außen. Nur gutgelaunte Mitarbeiter können Kunden bei Laune halten.

»Verdammt noch mal, Schneider, nicht in dem Ton! Wir haben schließlich Kultur, Sie Trottel!«

Im systemischen Markt, wie er sich heute präsentiert, ist es völlig irrig, das Verhalten eines Partners als die Ursache des Verhaltens der anderen anzusehen, denn jedes Mitglied beeinflußt die anderen und wird zugleich von den anderen beeinflußt. Heißt das nicht auch: Nicht die Kunden haben sich vom Unternehmen abgewandt, sondern das Unternehmen hat sich von den Kunden abgewandt?

19. I like Castor
(Provokation durch Beifall)

Manchmal mischen sich Gruppen in wirtschaftliche Prozesse ein, die dort wirklich nichts zu suchen haben. Die Energiewirtschaft, besonders wenn sie zukunftsorientiert ist, kommt oft nicht zum Arbeiten, weil die Polizei nicht schnell genug Demonstranten vertreiben kann. Wer erinnert sich nicht an die Bilder von den Ausschreitungen bei den Castor-Transporten?

Was haben die Demonstranten nicht alles vorgebracht gegen die Nukleartechnik? Mit allen Tricks wollten sie bei den Passanten und Anwohnern Stimmung machen gegen den Castor, sie diskutierten und blockierten, sie malten Schilder und den Teufel an die Wand. Sie schimpften und beschimpften, sie legten sich mit friedlichen Bürgern an. Wie viele

konnten sie als Gegner gewinnen? Fehlschlag. Fehlanzeige. Und viele Anzeigen.

Lösungsweg

Und dann dies: Dieselben, die beim letzten Castor-Transport die Schienen zu blockieren versuchten, die die Polizisten nötigten und die Passanten belästigten, genau dieselben sind es, die diesmal jubeln. Sie empfangen den Castor wie einen Rock-Star. Sie behaupten, Radioaktivität sei harmlos, einfach, sauber und die Energie der Zukunft.

Und schon beginnen die Passanten zu widersprechen …

Unglaublich – Was ist geschehen?

Eines der wirkungsvollsten Mittel, die Einwilligung des anderen zu erhalten, besteht darin, ihm das Gefühl zu geben, daß er es ist, der die Macht hat.

Der Mensch neigt dazu, den Gegenpart zu spielen. Sagen die Demonstranten »nein« zu Castor, sagen die Passanten: »Doch!« Sagen die Demonstranten jedoch: »Ja!«, dann suchen die Passanten das Haar in der Suppe. Und das halten sie fest, das behalten sie.

Raffiniert von den Demonstranten ist, daß sie die ruhigen Leute beunruhigen, ohne Randale zu machen. Sie setzen sich keiner Gefahr aus, und sie bewegen die Unbewegten.

Erinnern Sie sich an die Flugblätter, die von Oppositionellen in einer Diktatur verteilt wurden: Sie waren leer! Warum soll man etwas aufdrucken? Jeder weiß, was darauf stehen muß. Warum riskieren, dafür ins Gefängnis zu gehen?

Und das leere Blatt zwingt dazu, über das nachzudenken, worüber man sich zuwenig Gedanken macht.

Haben Sie jemals über all die Gedanken nachgedacht, die Sie nie gehabt haben?

Noch ein paar Lösungswege für die Praxis

»Ich weiß, Sie lassen sich nicht drängen.«
»Sie sollten nicht das Gefühl haben, es tun zu müssen.«
»Keine Gewalt auf Erden kann Sie dazu zwingen.«
»Sie haben die Wahl.«

Unglaublich – Was ist geschehen?

Es funktioniert, weil es alle potentiellen Widerstände beiseite räumt und weil es den anderen machtvoll zwingt, Verantwortung zu übernehmen. Und weil der andere das Gefühl damit verbindet, er habe eine freie Entscheidung getroffen.

20. Sag niemals »nie«
(Vergessen und Versprechen)

»Ich will dich vergessen. Das sage ich mir jeden Tag mehrmals. Bald habe ich dich vergessen.«

Sie waren nie einfach, die Beziehungen zwischen dem Betriebsrat und der Geschäftsführung in dem Unternehmen der Unterhaltungselektronik. Jetzt hat der Betriebsrat die Geschäftsführung klar auf die Zukunft des Unternehmens angesprochen: Wie sieht es mit der Sicherheit der Arbeitsplätze an diesem Standort aus?

Einer aus dem Management ergreift vor der aufgebrachten Belegschaft das Wort: »Beruhigen Sie sich doch. Ich versichere Ihnen, wir verlagern die Produktion im nächsten Geschäftsjahr nicht nach Polen.«

Ein Aufschrei geht durch die Reihen. Aha, wir haben es doch gewußt! Die können uns doch nicht hinters Licht führen.

Lösungsweg

In diese Wut und Nervosität dringt lange Zeit kein Signal ein. Wie groß die Aufregung ist, begreift die Geschäftsführung erst, als es schon fast zu spät ist. Dann gelingt es einem Mitglied der Geschäftsführung, sich Gehör zu verschaffen. »Ich verstehe Ihre Aufregung, und ich bin stolz auf Sie! Wir haben Mitarbeiter, die für ihr Unternehmen kämpfen. Das ist die eigentliche Garantie für die Zukunft. Solange Sie, Kollegen und Kolleginnen, so engagiert sind, so lange muß sich der Wettbewerb warm anziehen.«

Es wird stiller im Versammlungsraum.

»Wir alle sind hier an dem richtigen Platz. Hier arbeiten Fachleute, Fachleute mit einer Leistungsmentalität, wie sie in diesen Zeiten dringend gebraucht wird. Jeder einzelne von

Ihnen wird hier gebraucht. Sie haben schon viel Einsatz für das Unternehmen bewiesen. Und es wird noch mehr von uns allen verlangt werden. Je schwerer die kommende Zeit wird, desto mehr tun wir für die Zukunft. Es ist so wie beim Aufräumen: Wenn man sich richtig anstrengt, dann ist das Ergebnis auch zu sehen ...«

Stöhnen und Nachdenken, dann stellen die ersten Leute ganz vernünftige Fragen ...

Unglaublich – Was ist geschehen?

Der erste Manager hat ins Feuer noch Öl geschüttet. Er hat etwas ausgedrückt, was er gar nicht gesagt hat. »Wir gehen nicht nach Polen« – das hört sich genauso an, als hätte er gesagt: »Wir gehen nach Polen.« Wieso redet er davon? Und schon so konkret! Nach Polen also wollen die gehen!

Wie kommt diese Wirkung zustande? Jeder Begriff, den wir ins Gespräch bringen, wirkt. Sogar dann, wenn wir ausdrücklich »nein«, »nie« oder »kein« hinzufügen. Wer würde sich einem Chirurgen anvertrauen, der vor der Operation versichert, er werde bei der Amputation nicht den Blinddarm mit dem Penis verwechseln? Zumindest sieht der Patient dem Ausgang der Operation mit größerer Anspannung entgegen.

»Nein, liebe Kollegen, wir gehen nicht nach Polen.«

Der nächste Sprecher entschärft die Situation. Er deutet zunächst die Aggression der Belegschaft um: Es ist Engagement, auf das die Geschäftsführung richtig stolz ist. Wer hat schon solche Mitarbeiter! Aus Widerstand wird Einsatzbereitschaft. Dagegen empört sich keiner. Der Sturm, der kalt in die Chefetage blies, bläht jetzt die Segel und treibt voran. Als Rückenwind.

Sobald die Reaktion eindeutig ist, legt der Sprecher nach: »Sie haben schon so viel für das Unternehmen getan ... (»Das

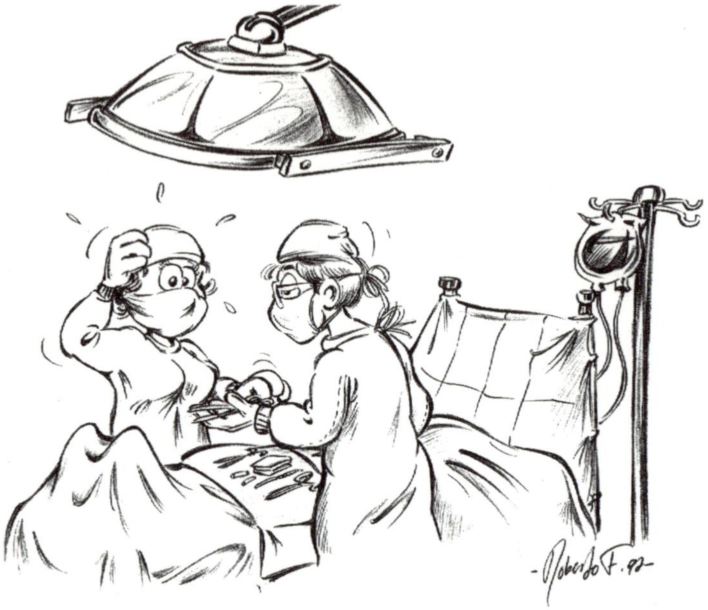

stimmt. Mal einer, der es merkt!«) ..., und jetzt wird sogar noch mehr von Ihnen verlangt.«

»Alles besser als arbeitslos. Wenn es denn für unsere Zukunft ist ... Einverstanden. Und was genau steht jetzt an?«

Er hat nicht nur den Widerstand beseitigt, sondern auch die Bereitschaft hergestellt, alle Kraft für neue Aufgaben einzusetzen. In der Medizin würde man sagen: Er hat die Selbstheilungskräfte mobilisiert. Wer Reizthemen anschneidet, wer belastete Begriffe verwendet oder Namen ins Spiel bringt, kann anschließend nicht einfach aussteigen und die anderen für die verrückte Reaktion verantwortlich machen. Er startet ein Feuerwerk der Gefühle.

»Die Renten sind sicher.« Diese Versicherung des Bundesministers für Arbeit bewirkte das Gegenteil. Die Menschen fragen sich: Welche Zusatzversicherungen habe ich eigentlich abgeschlossen? Ein idealer Vorspann für einen Werbespot von Lebensversicherungen.

»... ein ganz normaler Unfall, sagen die Behörden.« Wer es glaubt, wird selig. So erzeugt man Mordverdacht.

Wenn Selbstverständlichkeiten im Ton einer Regierungserklärung abgegeben werden, stellt sich auch der Naive die Frage: Warum sagst du es dann? Je stärker isoliert es klingt, desto verdächtiger.

Dementis und Verbote lösen Verdächtigungen und Versuchungen überhaupt erst aus. »Du sollst nicht ehebrechen!« Und schon kommt Spannung in den Menschen, der eben noch entspannt dagesessen hat.

Eine ganz eindeutige Aussage ist nie eindeutig: Manch ein Treueschwur wirkt wie ein Schuldbekenntnis (»Liebling, ich war dir die ganze Woche treu.«). Lob wird vernichtende Kritik (»Frau Müller-Thurgau, Sie sind heute richtig verbindlich.«).

21. Es war so gut gemeint ...
(Kritik und das Gesetz von der das Gegenteil bewirkenden Absicht)

Auch der Schriftverkehr folgt dem Zeitgeschmack. Wer Wert auf Perfektion und Stil legt, läßt veraltete Versionen in der Korrespondenz nicht zu. So geht es auch dem Vertriebsleiter eines Möbelhauses, der sich über jeden Brief ärgert, bei dem das Wort »Betreff« die Betreffzeile einleitet. Schon einige Male hat er seine Sekretärin darauf hingewiesen. Sobald es hoch hergeht und die Sekretärin unter Zeitdruck arbeitet, muß er es wieder beanstanden. Kritik betrifft »Betreff«.

Lösungsweg

Verdammt, sie wollte das doch nie wieder schreiben! Sie kennt doch die Einstellung ihres Chefs, sie hat sich so sehr bemüht, nicht mehr diesen dummen, alten Fehler zu machen! Die kritisierte Version ist wieder im Papierkorb entsorgt, die Sekretärin leidet noch vor sich hin, als sich ihre junge Kollegin zu ihr herüberbeugt und sagt: »Schau, das ist die Überschrift des Briefes. Die Überschrift des Ganzen. Weißt du, so, als wenn man das alles überschreiben würde.«

Unglaublich – Was ist geschehen?

Jede bewußte Anstrengung bleibt erfolglos, wenn der Mensch keine bildliche Vorstellung von dem hat, was er tun soll. Noch schlimmer: Sie bewirkt oft sogar das Gegenteil von dem, was der Mensch will. Das Bild, die deutliche Vorstellung, drängt danach, verwirklicht zu werden.

Und was geschieht in der Kritik? Der Vorgesetzte erinnert an das, was er abstellen möchte. Er schildert das Fehlverhalten. Und diese Bilder steuern das Verhalten des Mitarbeiters, nicht die Gardinenpredigt. Kritik verstärkt das Verhalten, das sie abstellen will. Schauen Sie nicht aus dem Fenster, während Sie diese Seite lesen! Nein, lassen Sie Ihren Blick nicht in Richtung auf das Fenster schweifen! Und wahrscheinlich zieht eine unheimliche Kraft Ihren Blick in die verbotene Richtung. Um so erstaunlicher, als Sie vorher gar keine Ambition spürten, zum Fenster zu sehen. Wenn Sie sich jetzt auch noch dafür tadeln, daß Sie Ihren Blick immer wieder ausgerechnet auf das Fenster richten, zieht diese Kraft immer stärker und stärker.

»Treten Sie nicht gegen die Türe!« Bald werden auch Menschen mit guten Manieren auf diese Weise die Türe aufschieben, wenn sie etwas in der Hand halten. Sogar solche, die es bisher nie getan haben.

Das ist das Gesetz von der Anstrengung, die das Gegenteil bewirkt.

»Schreiben Sie nicht ›Betreff‹ in die Betreffzeile!« Das ist eine eindeutige Anweisung, wie die Sekretärin sie sporadisch zu hören bekommt. Jedesmal sieht sie das Wort vor sich in der verdammten Zeile, und jedesmal prägt es sich aufs neue ein. Kritik versetzt den Menschen sofort in eine angespannte Situation. Und in diesem Ausnahmezustand arbeitet das Gehirn anders als in Ruhe: Betreff und Betreffzeile blitzen hell auf, prägen sich besonders ein. »Das ist wichtig, wenn du dir dieses unangenehme Gefühl ersparen willst.« Wir können ihr schon die Daumen drücken, daß sie für die nächste Zurechtweisung gerüstet ist, denn ihr Vorgesetzter hat sie auf die Betreffzeile mit »Betreff« fixiert. Sie wird es wieder einsetzen müssen, sobald sie einen Brief unter Druck schreibt. Kritik zementiert das Verhalten.

Ratsam, aber unvergleichlich mühevoller ist es für den Vorgesetzten, die Anweisung positiv zu formulieren. »Es ist zeitgemäß, über der Anrede nur die Quintessenz des Inhaltes anzugeben, wie eine Überschrift. Bitte beschränken Sie sich darauf.«

Die junge Kollegin hat genau das getan, was der Sekretärin aus der Falle heraushalf: Sie bot ihr ein kräftiges Bild an, das stark genug sein kann, die alte Fixierung aufzulösen. Eine Überschrift wird niemals durch eine Überschrift eingeleitet. Die Sekretärin braucht das Wort »Betreff« nicht mehr zu löschen. Es fehlt schon in der Vorstellung der Zeile, die jetzt »Überschrift« heißt.

Kritik schafft das Gegenteil von dem, was sie beabsichtigt. Wer die Sekretärin vorsätzlich verunsichern will, braucht nur einige Male zu sagen, wie man etwas nicht schreibt, zum Beispiel Karussell nie mit Doppel-r! Auch wenn sie das bisher immer korrekt geschrieben hat – sie wird demnächst kurz überlegen müssen, ob ein r oder zwei richtig sind. Und die Wahrscheinlichkeit wächst, daß sie es falsch schreibt. Wegen der »Tu das nie«-Ermahnung.

Statt: »Betreten des Rasens verboten!« sagen Menschen, die wirklich etwas ändern: »Bitte benutzen Sie die Wege.«

Machen Sie einmal – ganz vorsichtig – einen Selbstversuch. Wenn Sie auf der Autobahn im Baustellenbereich fahren, dort, wo die Spuren besonders schmal sind, und wenn neben Ihnen ein Lkw mit seinen eindrucksvollen, gigantischen Rädern rollt, dann ermahnen Sie sich, bloß nicht auf diese Gefahr hinzusteuern, bloß nicht in die Nähe dieser schwarzen Monstren zu kommen. Sie riskieren eine bedrohliche Fehlsteuerung. Der Blick auf die Fahrspur geradeaus erzeugt das Bild von »geradeaus« im Kopf, und die Lenkung stimmt.

Nicht der Wille ist der Antrieb unseres Handelns, sondern die Vorstellungskraft.[25]

Die Sprache unseres Unterbewußtseins ist nicht das Wort, sondern das Bild. Nur was wir uns vorstellen können, kann sich auswirken. Jede willensmäßige Anstrengung ohne bildhafte Vorstellung bleibt nicht nur erfolglos, sie bewirkt sogar das Gegenteil von dem, was wir erreichen wollen. Und mit Begeisterung kommt die Verhaltensänderung richtig in Schwung: Alles, was uns begeistert, gewinnt Macht über uns und besiegt leicht alle Gegenvorstellungen.

22. Platz da!
(Regale voll?)

Grund und Boden sind prinzipiell nicht vermehrbar. Wo gilt das mehr als in der City von New York? Im Supermarkt, wie jeder weiß. Die Regale gehen vom Boden bis in zwei Meter Höhe, und das ist das Maß aller Dinge. Wo ein Ding ist, kann ein zweites nicht sein. Platz da! Welch eine Forderung?! Ziemlich schwierig, wenn ein Lieferant seine Produkte in einer solchen Situation plazieren möchte.

»Ihre Produkte sind gut. Würden wir nehmen. Aber Sie sehen ja selbst: Wohin sollen wir sie stellen? Kein Platz mehr …« Und der Verkäufer lamentiert, nimmt Tasche, Handy und Abschied.

Lösungsweg

Eines Tages kommt wieder ein Verkäufer zum Filialleiter. Der zeigt Wohlverhalten, läßt sich das Angebot des Verkäufers zeigen und sagt wieder seinen Spruch auf: »Zeigen Sie mir einen Meter, der in unseren Regalen nicht voll ist, mehr als voll ist, und ich plaziere.« Dieser Verkäufer ergreift nicht seine Tasche, sondern die Initiative. »Mit welchem Produkt Sie gute Umsätze machen, ist Ihnen egal, stimmt's? Hauptsache ist, die Kasse quillt abends über, stimmt's? Nur mal angenommen, wir legen Ihnen genau das in die Regale, was Ihnen den größten Gewinn bringt. Angenommen, wir bieten Ihnen etwas, was Sie bis jetzt nicht kennen: Wir sorgen für Absatz, wir beobachten für Sie die Situation, rüsten nach, sortieren, um das Optimum für Sie herzustellen. Sie kümmern sich um nichts. Wir übernehmen das alles und optimieren den Gewinn für Sie. Würden Sie dann …?«

Auf diese Weise hat sich der Anbieter überregional eine Marktführerschaft erarbeitet, und er expandiert weiterhin. In Zeiten schlechter Geschäfte. Und voller Regale.

Unglaublich – Was ist geschehen?

Der Handel bestimmt weitgehend selbst über sein Angebot im Regal. Der Handel – das ist keine abstrakte Größe, keine Unperson, sondern ein Mensch. Ein Mensch mit seinem verständlichen Wunsch nach Bequemlichkeit, nach Sicherheit, nach Gewinn. Und ein Mensch mit einem notwendigerweise begrenzten Erfahrungsbereich. Er kennt sein Segment des geradezu unüberschaubaren Grundangebotes. Er kann nur innerhalb seines Horizontes wählen. Und er weiß das. Unser Verkäufer bietet ihm ein Win-Win-Power-System (WWP-System) an: Er definiert das Geschehen ganz neu. Kleinliche Kämpfe um zwanzig oder dreißig Zentimeter im Regal – darum geht es ihm gar nicht. Er bietet eine neue Erfolgsformel. Viel mehr Leistung als nur Bestellungen abholen – ein Shop-Shelf-System. Mehr als Merchandising – Geschäftsführung auf engstem Raum.

Systemlösungen haben schon lange einen großen Vorteil: Seit Zulieferer der Automobilindustrie nicht mehr nur ein Spiralfederchen liefern, sondern gleich die ganze Vorderachse, und das noch just in time, seitdem haben Detailanbieter deutlich mehr Schwierigkeiten. Wer darüber hinaus ein ganz neues Spiel spielt, in dem beide Partner gewinnen, der tut nicht mehr – der tut etwas ganz anderes.

23. Sex regiert nicht nur die Welt
(Umdeuttechnik)

Eine intelligente Frau, die als Assistentin der Geschäftsführung überdurchschnittlich gute Arbeit leistet und keinerlei Probleme mit ihrem Selbstbewußtsein hat, fühlt sich jedesmal völlig vernichtet, wenn ihr unmittelbarer Vorgesetzter, der Geschäftsführer des Unternehmens, sie vor Besuchern und Kollegen wegen Nichtigkeiten maßregelt. Gut erzogen und kultiviert, schluckt die junge Dame, soviel ihr möglich ist. Aus Schluckbeschwerden wird Atemnot. Sie erwägt, den Job aufzugeben, obwohl ihr die Arbeit selbst Freude bereitet.

Die Lösung

Kurz bevor es dazu kommt, trifft sie einen unkonventionellen Berater. In verschwörerischem Ton entführt er sie in eine tolle Phantasie: »Du solltest ihm einen raffinierten Streich spielen. Wenn er dich wieder einmal so herablassend behandelt, dann müßtest du ihm das richtig heimzahlen. Aber auf die ganz lässige Art. Stell dir mal vor, wenn der Boß dich das nächste Mal wieder so plattmacht, dann wartest du cool ab, bis ihr wieder allein seid, und dann sprichst du ihn an: ›Herr Niederschuster, darf ich Ihnen einmal ganz offen etwas anvertrauen? Wenn Sie mich so behandeln, dann ... erregt mich das ungeheuer ...‹, und schon bist du wieder draußen an deinem Schreibtisch. Wäre das was?«

»Unmööööglich! Das kann ich doch nicht sagen! Dann bildet der sich womöglich noch ein, ich fände ihn wirklich ... Was daraus alles an Streß entsteht! Ich habe noch nie einem Mann gesagt ... Und dann dem ...! Nein. Aber schließlich ... es ist ja sowieso nichts mehr zu verlieren. Den Job habe ich jetzt schon so gut wie verloren ...!« Und nach und nach sieht sie sich in der Rolle der unverblümt lüsternen Frau. Das wäre die richtige Rache! »Das blöde Gesicht will ich sehen! Du, ich mach's!«

Schade, sie kam nie dazu, das erstaunte Gesicht ihres Chefs zu sehen. Nachdem sich die junge Frau mit diesem sinnlichen Schlachtplan im Kopf wieder ins Büro gesetzt hatte, geschah nie mehr, was bisher regelmäßig geschehen war: Der Chef behandelte sie nie mehr so herablassend.[26]

Unglaublich – Was ist geschehen?

Bestimmt hat der Chef nicht ausgerechnet an diesem Tag eine charakterliche Kehrtwende vollzogen. Er wußte gar nichts von dieser süßen Rache. Und doch ändert sich irgend etwas auf einen Schlag. Das kann nur das Verhalten der jungen Frau selbst gewesen sein. Was sie sich vornimmt, ihrem Chef zu sagen, ist durch und durch unzutreffend (!), aber hochwirksam. Die Aussicht auf ein solches Gespräch verändert ihr gesamtes Verhalten, ihr Gesicht, ihr Auftreten. Sie muß ihrem Chef nie wirklich sagen, was sie sich vorgenommen hat. Darum geht es nicht. Aber diese Verrücktheit macht sie pfiffiger, vielleicht erotischer. Auf jeden Fall wirkt sie anders – und das ändert das Verhalten ihres Vorgesetzten.

Irgendwie schade ... Genauso wirkt das Selbstsicherheitstraining, das wir mit einer jungen Managerin gemacht haben. Diese Frau hatte Furcht, mit Kunden und Vorgesetzten in einem Raum allein zu bleiben, weil sie sexuelle Anmache fürchtete. Die Sorge vor dem Angegrapschtwerden machte ihr das Leben zeitweise schwer. Wir führten sie an die Vorstellung heran, dieses Grapschen zunächst gelassen hinzunehmen. In dem Augenblick jedoch, in dem der Grapscher im Kreis von zahlreichen Maßanzugträgern steht, kommt ihre große Stunde. Ruhig geht sie auf den Mann zu, hebt entschlossen sein Sakko – und greift ihm gezielt an den Po.

Im Training durchlief sie folgende Stufen: Das verschämte Lachen ist die erste Stufe der Erstarkung. Die verengten Augen sehen das Opfer schon den Boden unter den Füßen verlieren – die zweite Stufe. Mit boshaftem Vergnügen zeigt sie die Zähne: Ja, das wäre eine gerechte Strafe ...! Die dritte Stufe.

Keine Sorge. Die deutschen Unternehmen verwandeln sich nach unserem Training nicht in Lustschlösser. Diese Frau kommt nie in die Lage, sich auf diese Weise behaupten zu müssen. Schade eigentlich. Oder?

Befragt, sagen unsere Seminarteilnehmer nach einer solchen Intervention nicht etwa voller Dankbarkeit: »Das hat großartig geholfen!« Sondern: »Komisch, ausgerechnet gestern hat sich der komische Kerl nach all den Jahren zum erstenmal ganz anders verhalten ...« Sie schreiben es nicht der Intervention zu.

24. Werbung und Verführung – wie schön das ist

Skepsis, Bequemlichkeit und Unaufmerksamkeit – drei Hürden, die die Werbung überwinden muß. Mit Gleichgültigkeit, Saturiertheit und Abgeklärtheit antwortet der Kunde auf eintönig laute 08/15-Werbung. Kommt ein Werbetreibender auf etwas Ausgefallenes, fällt schon mal die eigentliche Werbebotschaft aus: Gut ist das, aber von wem oder wofür war das eigentlich?

Werbung, die ihre Ziele erreicht, arbeitet mit jedem Mittel, das gewohnte Perspektiven verfremdet oder Fremdes vertraut erscheinen läßt. Jede Irritation erzeugt Aufmerksamkeit. Jedes Erstaunen verbindet die Botschaft mit Gefühlen. Schön, wenn der Angesprochene dabei etwas zu lachen bekommt.

»Der Zauberkasten funktioniert nicht. Dieser Frosch hier ist meine Frau!«

»Der Zauberkasten funktioniert nicht.«

Eine Reklamation. Kein Wunder. Zaubern geht ja nicht – das weiß doch jeder. Wie geht es weiter?

»Dieser Frosch hier ist meine Frau!«

Also doch! Aber wie? Ist das dann eine Reklamation? Bestimmt ein Bedienungsfehler. Aber Zaubern geht doch nicht ...!? Den Zauberkasten will ich haben!

Der Zuhörer muß mitdenken, umdenken und wird so schließlich neugierig.

»Ein Haus ist etwas, was man neben eine Zapf-Garage stellt.«

Die Definition eines Hauses durch eine Garage? Hier hat sich das, was üblicherweise Zubehör ist, zur Hauptsache gewandelt. So, wie man sich erst schöne Knöpfe aussucht und dann einen Mantel drumherum nähen läßt.

Wiederholung in der Werbung verstärkt den Erfolg. Sie wissen: Alles, was man zweimal sagt, wirkt so, als sei es dreimal gesagt worden. Formel: D = 3 W. Aber wie kann man das machen, ohne stumpfsinnig vorzugehen?

Für McDonald's unterhalten sich zwei Männer.

A: »Tun Sie mir einen Gefallen, und sagen Sie im Radio, daß McDonald's jetzt den Quadratburger mit Turbo-Sauce anbietet.«

B: »Gerne, wenn Sie allen erzählen, daß ...«

A: »Also gut. Bei McDonald's gibt es jetzt den Quadratburger mit Turbo-Sauce. Jetzt Sie!«

B: »Sorry, ich glaube, die Zeit reicht nicht mehr.«

A: »Jetzt haben Sie mich aber ganz schön reingelegt!«

Aber: wiederholt ist wiederholt.

Im Fernsehen sahen wir einen herrlich paradoxen Spot: »Ich bin doch nicht blöd und sage dreimal: Feta-Käse ist lecker, Feta-Käse ist lecker, Feta-Käse ist lecker.«

Aber: gesagt ist gesagt. Sogar dreimal.

»Wir werden jetzt keine Werbung machen für die Winterreifen von xy. Warum auch? Es hat sich inzwischen längst herumgesprochen, wie gut die sind.«

Aber: gesagt ist gesagt.

Als Leinen Mode wurde, scheuten sich viele Kunden, das Material zu kaufen, weil es so ungeheuer knittert. Der Modeschöpfer Ralph Lauren gab seinen Modellen ein Label: »Knittert garantiert!«

Ein Bauer verkauft seine Produkte am liebsten direkt an den Endverbraucher. Äpfel mit kleinen Macken an der Schale hatten es schwer, Abnehmer zu finden. Eines Tages etikettiert der Bauer sie als »Hagel-Äpfel«. Schon nach kurzer Zeit kommen Anfragen: Äpfel, aber bitte die guten Hagel-Äpfel.

Regionalwahlen in den USA. Ein schwarzer Kandidat wirbt auf Plakaten: »Wählen Sie keinen Schwarzen! Wählen Sie einen Menschen!«

Über das Thema Ladenbau ist schon so oft geschrieben worden, daß man meinen könnte, alles wäre bereits gesagt. Dabei gibt es immer wieder neue, faszinierende Ideen, die es schaffen, die Ware zum Star werden zu lassen. Libo-Ladenbau hat in der Vergangenheit viele solcher Konzepte entwickelt ... – Und? Werden Sie neugierig?

Auf dem Jahrmarkt wirkt Werbung ohne Umweg, wenn sie wirkt. Der Türsteher ruft: »Kommen Sie nicht, wenn Sie schwache Nerven haben!« Aufregung garantiert.

»Vati, gibt es das Ungeheuer von Loch Ness wirklich?« »Ja, mein Schatz, solange es Touristen gibt, die dort ihr Geld ausgeben, wird es auch das Ungeheuer von Loch Ness geben.«

Wie sagte schon David Ogilvy, der von Werbung so viel versteht wie kaum ein anderer: »Ich habe nur eine Regel, keine Regel zu haben.« Paradox, aber nachweislich wirkungsvoll.

Werbung am Ende eines Buches: »Wenn Sie das vorliegende Buch ungern gelesen haben, werden Ihnen diese auch nicht so recht gefallen ...«[27]

C
ÜBUNGS- UND TRANSFERTEIL

Alltagsszenen mit nüchternen und nicht ganz nüchternen Zeitgenossen bieten reichlich Übungsmaterial, um die Strukturen und Konstellationen zu entdecken, die unsere Welt verrückt, beschwerlich und herrlich bunt gestalten. Nehmen Sie es als Herausforderung an, herauszufinden, wo der Sinn und der Unsinn liegen. Sie werden hellhörig und sensibel für logische Fallen im Alltag. Sie kommen schneller und leichter auf ungewöhnliche Lösungen. Und Sie werden den Durchblick genießen.

1. Übung

In Schottland galten bis 1976 strengste Vorschriften für den Ausschank von Alkohol. Und dennoch gab es die schlimmsten Probleme, die auf Alkoholexzesse zurückzuführen waren. Spontan erhoben sich Forderungen, noch restriktiver gegen den Alkohol vorzugehen, mehr zu kontrollieren und zu beschränken. Der Vorschlag, ganz im Gegenteil die Öffnungszeiten der Ausschankstellen zu verlängern, erschien den meisten Menschen völlig verrückt. War das Unglück nicht schon groß genug?

Nun erwies sich, daß eine solche Verlängerung der Ausschankzeit den wahren Grund des Mißstandes beseitigte. Die frühe Sperrstunde hatte die Konsumenten dazu verführt, große Alkoholmengen in zu kurzer Zeit zu sich zu nehmen. Das führte zu einem extremen Ausmaß an Trunkenheit. Die Lockerung der Einschränkungen löste das Problem, weil sie vernünftige Trinkgewohnheiten ermöglichte.

Leitfragen zur Klärung:

- Ist die Problemsituation für alle Länder gleich? Oder gibt es Länder, in denen der Alkohol nicht solch problematische Auswirkungen hat?
- Wodurch unterscheiden sich die Rahmenbedingungen des Alkoholkonsums?
- Vergrößert mehr desselben (Begrenzung der Schankzeiten) den Abstand zu den Rahmenbedingungen der anderen Länder, die keine auffälligen Probleme mit dem Alkohol haben?
- Wenn das, was von der Regierung Schottlands schon getan worden ist, zur Verschlimmerung führte, dann wird eine weitere Begrenzung zu weiteren Problemen führen. Wo kann dann nur Entlastung gesucht werden?

2. *Übung*

Zwei Waldarbeiter arbeiten sich mühevoll durch einen Riesenberg Baumstämme – mit rostiger, stumpfer Säge. Jemand, der zufällig vorbeikommt und das sieht, empfiehlt ihnen: »Schleift doch erst einmal eure Säge!« – »Dazu haben wir keine Zeit. Sieh doch nur, wieviel Holz wir noch zu sägen haben!«

Leitfragen zur Klärung:

- Worin besteht in dieser Situation das Anwenden von mehr desselben?
- Wenn mehr desselben das Problem vergrößert, worin besteht das Gegenteil?
- Und wenn es außer Schärfen der Säge zahlreiche mögliche »Gegenteile« gibt, zum Beispiel Arbeit liegenlassen und Zeitung lesen, Holz auf das Gebiet der Kollegen tragen oder nach Hause gehen und so tun, als sei alles erledigt …? Das sind Wege, die Ihren Mitmenschen durchaus sinnvoll erscheinen können.

- Wie gehen Sie damit um?
- Worin liegt das Risiko, einfach so weiterzumachen?
- Worin liegt das Risiko, etwas anderes zu tun, als irrwitzig draufloszuarbeiten?
- Worin sehen Sie Parallelen im Unternehmen?
- Wie ist es, wenn es um Delegation geht?
- Wenn Fortbildung notwendig erscheint?

3. Übung

Vor zweitausend Jahren grassierte in der kleinasiatischen Stadt Milet unter jungen Frauen eine regelrechte Selbstmordepidemie. Die Stadtväter wußten keinen Rat mehr und befragten einen Philosophen. Der schlug vor, daß der Körper jeder Selbstmörderin völlig entblößt öffentlich auf dem Marktplatz ausgestellt werde. Der Magistrat erließ eine solche Verfügung, und die Serie der Selbstmorde riß von einem Tag zum anderen ab.

Leitfragen zur Klärung:

- Die Lösung der dramatischen Situation wurde bisher nur in einem Rahmen gesucht: Interventionen, die sich zu Lebzeiten auswirkten. Worin besteht die Denksperre?
- Wenn eine Wirkung von der Gegenwart auf die Zukunft (Todesstunde) nicht greift, gibt es dann einen anderen Punkt auf der Zeitachse, von dem aus es möglich ist?
- Welche Bedürfnisse des Menschen erstrecken sich im allgemeinen auch auf die Zeit nach seinem Tod?
- Auch im Unternehmen kann es so etwas geben: Menschen wollen in die Firmengeschichte eingehen, Spuren hinterlassen, die Welt ein wenig verbessern, in guter Erinnerung bleiben oder sich Verdienste im Jenseits erarbeiten …

4. Übung

Die Nazis verfolgten bekanntlich auch in Dänemark die Juden mit allen Schikanen. Als sie die Juden aufforderten, den gelben Stern zu tragen, erwiderte der König von Dänemark: In seinem Land seien alle gleich. Deshalb werde jeder Däne einen gelben Stern tragen.

Leitfragen zur Klärung:

- Gehorchen oder Widerstand leisten? Es gibt etwas Drittes!
- Was bezweckten die Nazis?
- Wodurch führt man die Kennzeichnung von Minderheiten oder Teilmengen ins Bedeutungslose?
- Denken Sie an Ihre Werbung oder an innerbetriebliche Kommunikation: Einen Baum versteckt man am besten im Wald.

5. Übung

Als Gandhi den indischen Unabhängigkeitskampf gegen die englische Kolonialmacht führte, sprach er eines Tages wieder einmal vor einer Versammlung, in der wie gewöhnlich englische Spione und Uniformträger die Rebellen beobachteten und alles Verdächtige protokollierten. Gandhi rief diejenigen, die mit einer Maßnahme der Engländer nicht einverstanden waren, auf, sich als Zeichen ihres Protestes von ihren Sitzen zu erheben. Einer nach dem anderen stand zögernd auf, die Engländer notierten es kritisch. Während die letzten Inder sich erhoben, standen die ersten Engländer auf: Weil Gandhi die englische Nationalhymne »God Save the King« spielen ließ. Kein Engländer bleibt dabei sitzen, schon gar nicht, wenn er des Königs Rock trägt …

Leitfragen zur Klärung:

- Wenn ein Mensch von seinem Sitz aufsteht, kann das vieles bedeuten. Was bedeutet es für die empörten Inder?
- Bedeutungen kann man verändern. Was bedeutet das Aufstehen für die englischen Machthaber?
- Was geschieht, wenn eine Verhaltensweise zur gleichen Zeit zwei Bedeutungen zugeschrieben bekommt?

6. Übung

Es gab einmal einen Chef, der sagte seinen Mitarbeitern: »Wenn Sie mich gefragt hätten, ob wir so etwas machen sollen, hätte ich nein gesagt. Jetzt, da wir es haben, frage ich: Warum haben wir es nicht schon vor Jahren gemacht?«

Leitfragen zur Klärung:

- Wer eine Entscheidung treffen muß, geht von bestimmten Voraussetzungen aus. Er stellt Hypothesen auf. Welche Hypothesen hätten wohl vorher zur Ablehnung des Projektes geführt?
- Welche leiten jetzt das Verhalten des Chefs?

7. Übung

Übrigens: Rhabarberkompott schmeckt erheblich besser, wenn Sie statt Rhabarber Erdbeeren nehmen.

Leitfragen zur Klärung:

- Worauf erstrecken sich im allgemeinen die Versuche, Rhabarberkompott geschmacklich zu verbessern?
- Wie grenzen wir Zutaten von Nicht-Zutaten ab?
- Wie kann man geschickt das Thema wechseln? Man nimmt

eine Hauptsache des Gegenstandes und funktioniert sie um zur Nebensache. Wo kann diese Technik nützlicher sein als im Verkauf und in der Mitarbeiterführung? Vielleicht spielen auch Mitarbeiter dieses Spiel mit Ihnen?

8. Übung

Alle waren einhellig der Meinung, daß dies ein Problem sei. Aber niemand unternahm etwas dagegen, weil alle zu beschäftigt waren.

Leitfragen zur Klärung:
- »Guten Tag, kann ich Ihnen helfen?« Fast jeder findet diese Frage zur Eröffnung des Messegespräches ungeschickt, aber fast jeder fragt so. »Da müssen wir uns irgendwann einmal etwas anderes ausdenken. Später einmal.«
- Was können die Waldarbeiter (s. o.) dazu sagen?
- Ob die Kopfstandfrage (s. S. 84) weiterhilft?

9. Übung

Eine Radio-Moderatorin sagt in einer Live-Sendung zu einem Hörer, der gerade seine Nervosität angesprochen hat: »Wenn ich im Radio wäre, wäre ich auch nervös.«

Leitfragen zur Klärung:
- Unsinnigkeitsmethode (s. S. 94)
- Was ist der Moderatorin mit dieser raffinierten Äußerung gelungen?

10. Übung

A: »Also wissen Sie, seien Sie mir nicht böse, aber Sie sind ein selten dämlicher Hund!«
B: »Wer?«
A: »Sie.«
B: »Ich?«
A: »Ja!«
B: »Nehmen Sie das eventuell zurück?«
A: »Wer?«
B: »Sie!«
A: »Ich?«
B : »Ja!«
A: »Nee!«
B: »Na, dann ist die Sache für mich erledigt ...«[28]

Leitfragen zur Klärung:

- Was wäre im Normalfall geschehen?
- Wie wurde der Konflikt förmlich aufgelöst?
- In welcher betrieblichen Situation kann es ratsam sein, so lange zu reden, bis die Partner vergessen haben, worüber sie streiten?

11. Übung

»Darf man beim Beten rauchen?« – »Nein.«
»Darf man beim Rauchen beten?« – »?!!«

Leitfragen zur Klärung:

- Was hat das Rauchen mit dem Rhabarberkompott gemeinsam?
- Welches ist Hauptsache und welches die Nebensache?
- Was geschieht, wenn man die Bedeutung wechselt?

12. Übung

Ein Penner bettelt am Straßenrand. Viele gehen vorbei, ein Passant wirft ihm Münzen in den Hut. Das sieht eine Frau, die den Kopf schüttelt und sagt: »Geben Sie dem doch kein Geld! Der versäuft das doch nur!«
»Nein, das glaube ich nicht. Der spart das und kauft sich dann ein Eigenheim.«[29]

Leitfrage zur Klärung:

- Beelzebub, der Oberteufel, legt sich mit dem Durchschnittsteufel an. Das gängige Vorurteil wird übertroffen und verändert seine Bedeutung.
- Angenommen, jemand behauptet beim Meeting, Frauen könnten nicht logisch denken. Angenommen, er erhält als Antwort, Frauen seien überhaupt keine richtigen Menschen. Glauben Sie, daß er auch dieses Vorurteil noch unwidersprochen durchgehen läßt?
- Welche Rolle spielt der Widerspruch?

13. Übung

Linkshänder fordern Rechte.

Leitfragen zur Klärung:

- Ein Spiel mit Worten – Bonmots oder Witze über Interessengruppen. Was würden Sie empfinden, wenn Sie Linkshänder wären?
- Wo gibt es im Unternehmen Parallelen?
- Wie wäre es, wenn Sie hierzu auch einmal Angehörige von Gruppen (zum Beispiel Frauen, Azubis, Ausländer ...) befragten?

14. Übung

Der Bauer und der Esel, eine Geschichte von Johann Peter Hebel:

Der Bauer reitet und läßt den Sohn laufen – die Menschen regen sich auf: Rabenvater!

Der Bauer läuft und läßt den Sohn reiten – die Menschen regen sich auf: Die Jugend von heute!

Beide laufen – die Menschen lachen: Schön blöd!

Beide reiten – die Menschen regen sich auf: Das arme Tier!

Die beiden tragen den Esel – die Menschen lachen sich schief ...

Leitfragen zur Klärung:

- Eine klassische Zwickmühle: Was immer man tut, man tut das Falsche.
- Welche Möglichkeiten sind nicht in Betracht gezogen worden?
- Was läßt sich – außer der Kombination Esel/Reiter – noch ändern?
- Entweder Vater und Sohn ändern ihre Einstellung zum Lachen der anderen, oder sie nehmen Einfluß auf die Urteilsbildung. Unter welchen Voraussetzungen würde die Öffentlichkeit akzeptieren, wie sich die beiden entschieden haben? Wie wäre es, wenn sich zum Beispiel der Sohn einen Fuß bandagieren würde ...?

15. Übung

Der Falkland-Krieg 1982 kostete etwa zwei Milliarden Pfund Sterling. Die Kosten des Unterhalts der Streitmacht auf der Insel liegen bei sechshundert Millionen Pfund pro Jahr. Zur Zeit des Krieges wohnten rund eintausendachthundert Menschen auf der Insel. Verteilt man die Gesamtkosten, ergibt das fast eineinhalb Millionen Pfund pro Einwohner ... Kein Parlament wäre bereit, für nichtmilitärische Zwecke die Riesensummen freizugeben, die es für militärische Zwecke nur zu gern bewilligt.[30]

Leitfragen zur Klärung:

- Eine Million Pfund ist eine Million Pfund. Ob das viel oder wenig ist, zu wenig oder zu viel ist, hängt davon ab, welche Bedeutung der Mensch dem Verwendungszweck gibt. Bedeutung gibt man einem Zweck. Und Bedeutungen kann man verändern. Wie könnte man in diesem Fall vorgehen?
- Der Preis ist vor allem eine psychologische Angelegenheit. Ob eine neue Interpretation der Kosten mit logischem Vorgehen erreicht werden kann?

16. Übung

Es stimmt nicht, daß ich, R. S., gelernter Feinbäcker, zu meinen kaum mehr zählbaren Immobilien auch noch das Gebäude Z-Straße 32 erworben habe (...). Auch stimmt es nicht, daß in diesem Haus Feinmassage betrieben werden soll. Die extrem hohen Mietzinsen erklären sich ausschließlich aus der Verkleinerung der Wohnungen, die selbstverständlich mit geeignetem Mobiliar versehen werden: weiche Liegen, Peitsche, Garderoben für Lederbekleidung ...[31]

Noch Fragen?

17. Übung

Es ergäbe einen wirtschaftlichen Sinn, wenn man Häftlingen bei ihrer Entlassung aus dem Gefängnis eine Rente zahlte.

Der Gedanke dabei ist, daß die ehemaligen Häftlinge dann einen Lebensunterhalt hätten und nicht rückfällig werden müßten. Und: In diesem Fall hätten sie etwas zu verlieren, wenn sie zum Verbrechen zurückkehrten. Achtzig Prozent der ehemaligen Häftlinge werden rückfällig. Es kostet mehr, jemanden im Gefängnis zu halten, als ihm eine kleine Rente zu zahlen.[32]

Leitfragen zur Klärung:

- Welche felsenfeste Überzeugung führt zu dem Verhalten, entlassene Häftlinge sich selbst zu überlassen?
- Was müßte man tun, um die Rückfälligkeitsquote zu erhöhen?
- Welche Hypothesen kann man einem Entscheider anbieten, damit er die Angelegenheit aus einer anderen Richtung betrachten kann?

18. Übung

»Das ist ein Gottesbeweis!« sage ich Ihnen als Ungläubiger.

Leitfragen zur Klärung:

- Was wissen Sie über Paradoxien?
- In welcher Situation neigen Menschen dazu, solche Aussagen zu machen?

19. Übung

Der Verband der Unternehmer teilt mit, daß im kommenden Jahr dreihunderttausend Arbeitsplätze im Ausland geschaffen werden, damit Arbeitsplätze im Inland erhalten bleiben.

Leitfragen zur Klärung:
- Wie können Sie entscheiden, ob es sich um eine Lüge, um Unsinn oder um eine paradoxe Intervention handelt?
- Wie wahrscheinlich ist es, daß es sich um Händeklatschen zum Vertreiben von Tigern handelt?
- Hat das Verhalten der Unternehmer Einfluß auf die Erhaltung der Arbeitsplätze?
- Was wäre, wenn die Unternehmer sich für mehr desselben entschieden?

20. Übung

Im Jahr 1997 erreicht der DAX ein historisches Hoch, und die Arbeitslosenquote auch. Befindet sich Deutschlands Wirtschaft in einer Baisse oder in einer Hausse?

Leitfragen zur Klärung:
- Wie kann man sich einigen, wann sich eine Volkswirtschaft in einer Baisse oder einer Hausse befindet?
- Reicht ein einziges Indiz?

21. Übung

Der Vorsitzende einer Logiker-Gesellschaft sagte: »Sollten wir nicht, bevor wir abstimmen, ob abgestimmt werden soll, darüber abstimmen, ob wir darüber abstimmen, ob abgestimmt werden soll?«
Leitfragen zur Klärung:
- Woran denken Sie, wenn die Einleitung einer Aussage so angelegt ist, daß sie die Aussage selbst zerstört?
- Worüber würden Sie zuerst abstimmen?
- Sie wollen Ihr Unternehmen mit Zielvereinbarungen führen? Wer entscheidet, wer darüber zu entscheiden hat?

22. Übung

In einer Sitzung des Rates von Canton in Mississippi wurde folgender Beschluß gefaßt:

1. Der Rat beschließt, daß ein neues Gefängnis gebaut wird.
2. Er beschließt ferner, daß Steine und Baumaterial des alten Gefängnisses für den Neubau verwendet werden.
3. Fernerhin beschließt er, daß bis zur Fertigstellung des neuen das alte Gefängnis weiterbenutzt werden soll.

Leitfragen zur Klärung:

- Wo liegt der Punkt, der das Vorhaben absurd werden läßt?
- Wenn Sie mit einer neuen Hypothese arbeiten wollen, wie müßte sie lauten?

23. Übung

Können Sie das umdeuten? Das Gute im Schlechten sehen und das Schlechte im Guten? In Anlehnung an Seite 155 f.

Zuerst das Gute im Schlechten sehen:

albern sein	– keinen Grund zur Fröhlichkeit brauchen
passiv sein	– die Fähigkeit, Dinge zu akzeptieren, wie sie sind
unterwürfig sein	– Autorität und Führung suchen, um sich selbst zu finden
gefühllos sein	– sich vor Verletzungen schützen
umherirren	– alle vorhandenen Möglichkeiten erforschen
überempfindlich	– sehr lebendig, bewußt und intensiv auf andere Menschen eingestimmt sein
kontrollieren wollen	– Struktur und Überblick in seine Umwelt bringen wollen
widerspenstig sein	– seinen eigenen Weg im Leben suchen

sich abwerten	–	sich seine eigenen Fehler eingestehen
rechthaberisch sein	–	anderen ihren Irrtum nachweisen wollen
chaotisch sein	–	
pedantisch sein	–	
träge sein	–	
…	–	
…	–	

Und jetzt umgekehrt:

nicht streiten	–	gleichgültig sein
fasten	–	gutes Essen verkommen lassen
anderen helfen	–	andere unselbständig halten
andere beschützen	–	bevormunden
…	–	
…	–	

24. Übung

»Sohn, wenn ich mit dir Schach spielen soll, dann mußt du das schon richtig können. Wenn du nicht gut spielst, dann macht mir das keinen Spaß.« Der Sohn wollte gern mit seinem Vater Schach spielen und übte und übte. Und wurde richtig gut. Der Vater hatte bald keine Chance mehr gegen ihn. Er verlor immer öfter. Erst das Spiel und dann die Lust, mit seinem Sohn Schach zu spielen.

Leitfragen zur Klärung:

- Wieviel Kompetenz braucht ein Partner?
- Was kann ein fachlich überlegener Mensch tun, damit sein Partner nicht die Lust an der Zusammenarbeit verliert?

25. Übung

»Schön, du magst recht haben. Aber du hast unrecht, weil du mit mir streitest.«

Leitfragen zur Klärung:

- Wie kann ein Mensch recht haben und zugleich unrecht?
- Auf welcher Ebene räumt der Sprecher ein, eventuell selbst im Unrecht zu sein?

26. Übung

»Wenn du mich liebtest, würdest du mir nicht widersprechen.«

Leitfragen zur Klärung:

- In welcher Hinsicht stimmt das?
- Wie kann man darauf reagieren, ohne den Partner/die Partnerin zu verlieren?

27. Übung

Inschrift auf einer kleinen Tafel an einer makellosen Wand: Die meisten, die etwas an die Wände schreiben, können es nicht richtig schreiben. (Most idiots who write on walls are not able to spell correctly.)

Leitfragen zur Klärung:

- Worin liegt die Kraft dieser psychologisch offensichtlich richtigen Prävention?
- Wie läßt sich dieses Vorgehen auf unerwünschte Vorgänge in Ihrem Unternehmen übertragen?

28. Übung

In der Politik gibt es phantastische Paradoxien: daß das Gegenteil dessen bewirkt wird, was geplant oder angelegt zu sein schien. So war das mit dem »Helsinki-Abkommen« der Konferenz über Sicherheit und Zusammenarbeit in Europa von 1975, das die Lage in Europa, die sowjetische Herrschaft in Osteuropa so zu zementieren schien, daß die CDU/CSU-Opposition im Bundestag dagegen stimmte. Tatsächlich wurde das Abkommen mit seinen Menschenrechtsgarantien und den Öffnungen für Medien und Handel zum Ansporn für Menschenrechtsbewegungen und zu einem Instrument des Wandels, der schließlich zum Zusammenbruch der UdSSR und zur deutschen Einheit führte.[33]

Leitfragen zur Klärung:
- Wie kommt es, daß aus scheinbarer Nachgiebigkeit derart gravierende Systemveränderungen resultieren?
- Welches Kommunikationsprinzip liegt diesem Verhalten zugrunde?

29. Übung

Head auf einem Mailing:
Übrigens: 93 % aller Geschäftsführer sind nicht so erfolgreich, wie sie sein könnten.
Und: 91,3 % aller Geschäftsführer werfen Mailings ungelesen weg.

Leitfragen zur Klärung:
- Angenommen, die Zahlen stimmen. Wodurch entsteht die große psychologische Signalwirkung?
- Was entsteht durch die Nähe der beiden Zahlen?

30. Übung

Die Tin Lizzy, das erste Automobilwunder der Geschichte, gab es nur in Schwarz. Als man ihn drängte, dieses erfolgreiche Auto auch in anderen Lackierungen anzubieten, antwortete Henry Ford: »Sie können das Auto in jeder Farbe haben, solange es schwarz ist.«

Leitfragen zur Klärung:
- Recht geben ohne Widerspruch – mit welchem rhetorischen Mittel hat Henry Ford geantwortet?
- Ein rigoroses Nein charmant verkaufen – bei welchen Gelegenheiten bietet sich diese Technik in Ihrem Unternehmen an?

31. Übung

Wenn er aufhört, über uns Lügen zu verbreiten, werden wir aufhören, über ihn die Wahrheit zu sagen.

Leitfragen zur Klärung:
- Lügen und Wahrheit – wie kann man das klären?
- Wodurch gewinnt diese Begriffswahl Brisanz?

Einige Paradoxien zum Schmunzeln

- »Schatz, im Urlaub kannst du mal an das denken, woran du nie denkst!«
  »Ans Duschen?«
  Impuls: Wenn es stimmt, stimmt's dann?
- Armut ist ein Luxus, den die Welt sich nicht leisten kann. (Gonzales Sanchez de Lozada)

- Die Franzosen wären mit einer Bundeswehr schon einverstanden. Aber sie möchten am liebsten eine deutsche Armee, die kleiner ist als ihre eigene, jedoch größer als die der Sowjetunion. (Friedrich Sieburg)
- Ein Pazifist ist einer, der sich totschießen läßt, um zu beweisen, daß der andere ein Aggressor gewesen ist. (Ludwig Marcuse)
- Das Überflüssige ist eine sehr notwendige Sache. (Voltaire)
- Als die Mitglieder der Kommune I , die Vertreter der APO Fritz Teufel und Rainer Langhans 1967 vor Gericht standen und mit ihrem Verhalten als Bürgerschreck eine auf Recht und vor allem Ordnung eingeschworene Gesellschaft aus der Fassung brachten, fragte das Gericht, ob die beiden bereit seien, sich freiwillig einer psychiatrischen Untersuchung zu unterziehen. Die beiden erklärten sich einverstanden: vorausgesetzt, auch das hohe Gericht lasse sich untersuchen. Das Gericht vertagte sich.
- Niels Bohr, der dänische Physiker, wurde eines Tages von einem Besucher gefragt, wieso er als Naturwissenschaftler ein Hufeisen über der Tür seines Hauses angebracht habe. Ein Nobelpreisträger und solch ein Aberglauben! Er könne doch schon von Berufs wegen nicht an dessen glückbringende Kraft glauben. Seine Antwort: »Ich glaube selbstverständlich nicht daran. Aber mir wurde glaubhaft versichert, daß es auch hilft, wenn man nicht daran glaubt!«
- Banker leihen einem nur Geld, wenn man beweisen kann, daß man es gar nicht braucht.
- »Mein Freund kann für mich bürgen.«
  »Und woher wissen wir, daß er vertrauenswürdig ist?«
  »Oh, das kann ich Ihnen versichern!«
- Ein Araber, der es zu einigem Wohlstand gebracht hatte, lag zum Sterben und verfügte, daß seine stattliche Kamelherde folgendermaßen an seine drei Söhne verteilt werden

sollte: Achmed, der älteste, sollte die Hälfte der Herde bekommen, Mohammed ein Drittel und Jussuf, der jüngste, ein Neuntel.
Als der Vater starb, bestand die Herde aus siebzehn herrlichen Tieren, jedes gesund und prächtig anzusehen. Wie die Söhne auch rechneten, sie kamen nicht zurecht. Sie lagen in heftigem Streit miteinander, als ein weiser Derwisch mit seinem Kamel des Weges kam. Er hörte und sah ihren Streit, und in seiner großen Klugheit gab er ihnen sein Kamel hinzu ...
Wieder wurde gerechnet. Jeder bekam seinen vom Vater verfügten Erbteil. Der Derwisch sah: Jeder war zufrieden. Doch ein Kamel blieb übrig. Seins. Das die dankbaren Söhne ihm gerne wieder überließen.

- Zuviel desselben

Eines Tages predigte statt des Pfarrers ein Missionar, der eine prachtvolle Stimme hatte. In ergreifender Schlichtheit erzählte er von den Leiden der Neger (so nannte man die Schwarzen damals noch). Ich war so gerührt, daß ich statt der fünfzig Cents, die ich zu opfern gedachte, die Summe verdoppelte. Die Schilderungen des Missionars wurden immer eindringlicher, und ich nahm mir vor, meine Spende weiter zu steigern: auf zwei, drei, fünf Dollar. Schließlich war ich dem Weinen nahe und tastete nach meinem Scheckbuch.
Der Missionar aber redete und redete, und die Sache wurde mir allmählich langweilig. Ich ließ die Idee mit dem Scheckbuch fallen und ging auf fünf Dollar zurück. Der Missionar redete und redete, und ich dachte: Ein Dollar genügt. Der Missionar redete, und als er endlich fertig war, legte ich die fünfzig Cents auf den Teller, wie ich es vorgesehen hatte. (Mark Twain)

D
TOPIC BOXES

Was ist eigentlich ...

... eine Paradoxie?

In der Literatur lauten Definitionen etwa so:
»Unter einer Paradoxie verstehe ich: Eine scheinbar unannehmbare Schlußfolgerung, die durch einen scheinbar annehmbaren Gedankengang aus scheinbar annehmbaren Prämissen abgeleitet ist. Der Schein muß trügen, denn das Annehmbare kann nicht mit annehmbaren Schritten zum Unannehmbaren führen. Also haben wir allgemein die Wahl: Entweder ist die Schlußfolgerung gar nicht wirklich unannehmbar, oder aber der Ausgangspunkt bzw. der Gedankengang hat eine Schwäche, die nicht offen zutage liegt.«

(R. M. Sainsbury, Paradoxien)

Mit solchen Definitionen wollen wir Ihnen gar nicht erst kommen. (Dies ist schon eine Paradoxie ... denn wir behaupten, daß wir etwas nicht tun, was wir tun. Nein, es ist keine Lüge.)

Paradox ist ein Satz, der durch regelrechte (= logische) Ableitung seiner Prämissen, die jeweils wahr sind, trotzdem in einen Widerspruch führt.

- Dabei verläuft das Denken und Begründen im Kreis (Zirkularität).
- Das geht – wenn man genug Zeit und Geduld hat – immerzu weiter (Unendlichkeit).
- Ein echtes Paradoxon stellt sich mit seiner Aussage selbst in den Widerspruch (Selbstreferenz).

- Jedes Paradoxon ist in einem bestimmten Zusammenhang paradox (Kontextgebundenheit).

»Wenn die Reichen sich für Geld Leute mieten könnten, die für sie sterben, könnten die Armen prächtig leben.«

(Jüdisches Sprichwort)

Paradoxien machen Spaß. Zunächst. Sie fordern sofort zu dem Versuch heraus, sie aufzulösen. Und damit beginnen sie, uns zu peinigen.

Paradoxien sind ernst zu nehmen. Anders als Scherzfragen, die auch Spaß machen, werfen Paradoxien richtige Probleme auf. Historisch sind sie mit Krisen und revolutionären Fortschritten des Denkens verbunden. Mit ihnen zu ringen heißt, nicht bloß ein intellektuelles Spiel zu spielen, sondern sich mit zentralen Fragen auseinanderzusetzen.

»Es gibt nur eine Gewißheit, daß wir nämlich keine Gewißheit haben können; und deshalb gibt es auch die Gewißheit nicht, daß wir keine Gewißheit haben können.«

(Samuel Butler)

Holen wir etwas aus. Schauen wir uns die Verwandten an.

Eine *Tautologie* ist eine Unterscheidung, die nicht unterscheidet. Sie besagt: »Etwas ist, was es ist.« Als Formel gilt: »Ja ist ja« beziehungsweise »Nein ist nein«.

Der *Widerspruch.* Seine Formel lautet: »Ja ist nein« beziehungsweise »Nein ist ja«.

Die *Paradoxie.* Sie hat die Eigenschaft, sich selbst zu bestätigen (Tautologie), indem sie sich selbst widerspricht (Widerspruch). Ihre Formel lautet: »Ja, weil nein« beziehungsweise »Nein, weil ja«.[34]

Die formale Logik hat sich mit der Paradoxie unter dem Namen Antinomie beschäftigt. Es gibt logisch-mathematische Paradoxien, paradoxe Definitionen und pragmatische Paradoxien. Im Unternehmen und seinem Umfeld geht es vor allem um die pragmatischen Paradoxien.

Jeder von uns kennt diese verrückten Situationen, und doch sind uns die paradoxen Strukturen meist nicht bewußt, wenn wir uns gerade darin befinden. Immer dann, wenn wir mit vernünftigen Mitteln nicht weiterkommen, weil sich der Partner absurd verhält, bieten sich unorthodoxe, arationale oder sogar völlig paradoxe Verhaltensweisen an.

Arational ist weder rational (= vernünftig) noch irrational (= unvernünftig). Es liegt außerhalb der Kategorie »vernünftig«. Das erforderliche Verhalten nennt Niklas Luhmann »Entparadoxierung«.

Gregory Bateson, Paul Watzlawick u. a. entwickelten seit 1956 ein Kommunikationskonzept, das sich auf den Philosophen Bertrand Russell bezieht. Zunächst untersuchten sie die verwirrenden Bilder der Schizophrenie. Sie beschrieben die irremachende »Double bind«-Situation, in der ein Mensch ins Unrecht gesetzt wird, was immer er tut. Die Kommunikationsbedingungen, die dem Menschen diktiert werden, konstruieren eine Falle, eine Beziehungsfalle. Diese paradoxe Kommunikation sieht für jede Art möglicher Reaktion eine Bestrafung vor und verhindert den Aufbau normaler Lebens- und Lernprozesse. Die Aufforderung zur Spontaneität, die Verpflichtung auf Freiheit oder der Befehl, ungehorsam zu sein, stellen Paradoxien dar, weil die Erfüllung dieser Ansprüche gerade nicht im Klima der Verpflichtung gedeihen kann.

Das Schlimme ist, daß Paradoxien nichts Seltenes sind, sondern ein Dauerproblem.

... eine paradoxe Intervention?

Ratschläge sind auch Schläge. Schon richtig, manchmal haben wir Schläge verdient, aber um Ratschläge betteln wir selten. Wer gute Nehmerqualitäten hat, schafft es, einen Rat ruhig anzuhören. Die meisten von uns gehören bestimmt zu denen, die noch einem Feuerwehrmann erklären, was man gegen Brände unternehmen sollte.

Was einer tun sollte, um besser mit dem Leben klarzukommen, das wissen alle anderen ganz genau. Niemand spielt so gut Skat wie der Kiebitz. Und wer einen Rat bekommt, holt schon tief Luft, um zu erklären, warum das ausgerechnet bei ihm nicht gehen kann. Sackgasse.

Während der eine stur darauf besteht, seinen Weg selbst zu gehen, gibt der andere nicht auf, sondern Gas.

Sträubt sich das Problem gegen die Lösung, dann werden eben die Maßnahmen verstärkt. Fließend geht der Ratschlag in Liebesentzug und offene Bestrafung über. An der Sache ändert sich wenig.

Überall, wo Partner durch Feedback und direkte Kommunikation erreichen, was sie wollen, können sie auf paradoxe Interventionen verzichten. Denn mit paradoxen Strategien arbeitet man dann, wenn die Probleme einen paradoxen Charakter haben. Vernünftige Probleme geht man mit vernünftigen Maßnahmen an, verrückte mit verrückten. So wie man Gleiches mit Gleichem heilt.

Ein Beispiel:

»Tun Sie niemals etwas, was Sie nicht gerne tun.«

»Aber es gibt nichts, was ich gerne tue.«

»Dann unterlassen Sie alles, was Sie nicht gern tun!«

Noch eins:

»Je mehr sich dieses Unternehmen ändert, desto mehr bleibt es sich gleich.«

Bei allem, was man unternimmt, empfiehlt es sich, auf die

Frage zu achten, wer was wann und wo tut, und nicht darauf, warum er es tut. Die Gründe herauszufinden dauert lange und führt oft zu nichts. Wenn ich weiß, warum jemand zuviel Alkohol trinkt, und wenn dieser auch selbst den Grund einsieht, besteht das Alkoholproblem dennoch fort. Oft wandelt sich die Bedeutung des Verhaltens oder des Problems, und Einsicht ist entbehrlich. Jedenfalls am Anfang. Es geht nicht um Einsicht, die zur Verhaltensänderung führt. Es geht um die Verhaltensänderung, die – vielleicht – später zu einer anderen Einsicht führt.

Der paradoxen Intervention liegt immer eine verrückte Aussage zugrunde: Jemand soll sich dadurch ändern, daß er unverändert bleibt. Der, der vorsätzlich mit dieser Methode arbeitet, braucht viel Phantasie, viel Bereitschaft zum Spielen und die Kraft, sich auf Ungewöhnliches einzulassen.

Paradoxe Interventionen gleichen Kunstwerken. Es sind Einzelstücke, und schon kleine Abweichungen ergeben ein ganz neues Bild. Versuchen wir, sie in Kategorien einzuteilen.

1. Das Umdeuten

Bei vielen Lösungsversuchen, die ins Leere laufen, erlegen die Betroffenen sich selbst Beschränkungen auf, die gar nicht existieren. Je länger sich jemand schon mit einem Problem herumgeschlagen hat, desto schwerer wird es für ihn, zu akzeptieren, daß die mögliche Lösung banal und einfach ist. »Dieses riesige Problem erfordert eine schwierige Lösung. Es dauert bestimmt sehr lange, bis ein Erfolg eintritt.«

Und dann kommt ein irrwitziger Zeitgenosse, und alles Problematische löst sich auf wie ein hartgekochtes Ei im Magen.

Wenn uns etwas belastet, sollte das eine Frage von selbstauferlegten Beschränkungen sein? Verfolgen wir diesen Gedanken einmal weiter. Dazu teilen wir unsere Welt in zwei Wirklichkeitsstufen ein. Die Wirklichkeit erster Ordnung bezieht sich auf die rein physischen und weitgehend objektiv feststellbaren Eigenschaften von Dingen. Es sind Fragen des sogenannten gesunden Menschenverstandes und des wissenschaftlichen Vorgehens. In der Wirklichkeit erster Ordnung ist ein Hundert-Dollar-Schein ein bedruckter Papierzettel. In der Wirklichkeit zweiter Ordnung: viel oder wenig Geld, je nach der wirtschaftlichen Situation des Betrachters.

Die Umdeuttechnik jongliert mit der Wirklichkeit zweiter Ordnung. Der Geldnote brauchbare Deutungen zuschreiben, hilfreiche Deutungen, heißt Beschränkungen aufheben. Bei allen notwendigen Veränderungen handelt es sich um Dinge, die dem Menschen jederzeit aus seiner vertrackten Lage geholfen hätten, die er aber deswegen nicht in Betracht gezogen hat, weil sie ganz einfach nicht in seine Sicht hineinpaßten. Und das ist seine fixierte Wirklichkeit zweiter Ordnung.

Eine Umdeutung besteht darin, den begrifflichen und gefühlsmäßigen Rahmen, in dem eine Sachlage wahrgenommen, erlebt und beurteilt wird, durch einen anderen zu ersetzen, der den Dingen, die man als Tatsachen erlebt, ebenso gut oder sogar besser gerecht wird. Ein Beispiel: Sie haben Dunkelheit immer als bedrohlich empfunden, weil Sie die Gefahren nicht früh genug erkennen können – bis Sie eines Tages die Dunkelheit als Schutz, als Reiz oder als Teil des Tagesrhythmus erleben. Eine Umdeutung verwandelt eine Situation vollkommen.

Streit bedeutet landläufig Ablehnung und zermürbenden Konflikt. Umdeuten heißt, dem Streit einen Wert, eine Chance zuzuschreiben: »Daß Sie sich so heftig streiten, zeigt nur, wie gerne Sie einander haben.«

»Wir haben ein großes Problem. Das ist uns peinlich, weil Sie jetzt bestimmt denken, wir seien unfähig, mit solchen Dingen alleine fertig zu werden …«

»Es muß schon eine starke Organisation sein, die fähig ist zuzugeben, daß sie ein Problem hat.«

Endlose Gruppenkämpfe im Unternehmen?

»Das ist ein gutes Zeichen. Denn ein Team debattiert nur dann heftig mit einer anderen Gruppe, wenn ihm an den anderen Menschen liegt und wenn es mit ihnen näher in Kontakt kommen möchte.«

»Wir sind froh, daß euch genug aneinander liegt, um zu streiten, statt gleichgültig gegeneinander zu sein.«

Diese Aussagen stellen den Partner vor ein Rätsel, sie verwirren ihn, und sie zielen darauf ab, den Kontext zu modifizieren oder sogar das ganze System zu destabilisieren. Die problemerzeugende Logik hat Pause.

Umdeuten kann auch einen Wandel zum Beispiel von der individuellen zur kommerziellen Perspektive oder von der moralischen zur medizinischen Betrachtungsweise herbeiführen. Schließlich ist eine gynäkologische Untersuchung auch ein Griff unter die Gürtellinie.

Hierher gehört der Tom-Sawyer-Effekt. Ein Kommunikationseffekt, der durch die verblüffend neue Interpretation eines bisher vertrauten Ereignisses entsteht. Sein Name erinnert an den pfiffigen kleinen Helden des Romans »Tom Sawyers Abenteuer« von Mark Twain.

Tom Sawyer sollte Tante Pollys Zaun streichen. Natürlich hatte er überhaupt keine Lust dazu. Arbeit war nie seine Sache, schon gar nicht an einem solch schönen Sommertag. Sofort war ihm klar: Diese Arbeit mußte ein anderer tun! Aber die Jungen aus der Nachbarschaft ließen sich diesmal nicht ködern und nicht bestechen. Tom wäre nicht der, den wir lieben, wenn er nicht weitergewußt hätte. Beim nächsten Jungen, der vorbeikam, wies er jedes Mitleid strikt ab: »Arbeit?! Wenn du das Arbeit nennen willst … Jedenfalls macht es einem gewissen Tom Sawyer eine Menge Spaß. Kannst du vielleicht jeden Tag einen Zaun anstreichen?« Jetzt, so schreibt Mark Twain, erschien die Sache in einem anderen Licht. »Du, Tom, laß mich mal ein bißchen streichen!«

Wer die Umdeuttechnik übt, lernt, das Gute im Schlechten und das Schlechte im Guten zu sehen, damit er den Perspektivenwechsel schafft. Auf diese Weise erscheint jede Tatsache in einem neuen Licht. Gefühle und Gedanken gestalten sich um.

Mit dem Umdeuten können Sie problematisches Verhalten zu einem erwünschten erklären. Es ist leicht, Unnachgiebigkeit als Standhaftigkeit darzustellen oder infantiles Verhalten als unermüdliches Ausprobieren. Sogar grobe Feindseligkeit kann sich als starke Betroffenheit noch sehen lassen.

Eine Übung dazu finden Sie auf Seite 141 f.

»Solange Sie betonen, daß Sie im Recht sind, zwingen Sie den anderen jeweils dazu, im Unrecht zu sein. Und dann können Sie nicht miteinander im Einklang sein. Nur wenn Sie es aufgeben, sich im Recht oder im Unrecht zu fühlen (!), können Sie zu gegenseitiger Übereinstimmung finden. Sind Sie stark (!) genug, um auf diese Weise zusammenzufinden?«

Diese Sätze enthalten eine Herausforderung: Sind Sie stark genug? Stark genug wofür? Was vorher Stärke war (Rechthaberei), ist jetzt unausgesprochene und unangeprangerte (!) Schwäche. Was vorher Schwäche war (das Aufeinanderzugehen), wird jetzt als Stärke bezeichnet. Und das Aufgeben von Gefühlen ist eine Kunst, die niemand kann. Der Mensch steht vor einem Rätsel. Seinen Verstand jedenfalls braucht er zur Lösung dieser Aufgabe nicht. Eher steht der Verstand im Wege. Versteht sich.

2. Verschreibungen

Was tut man, wenn man eine Angewohnheit hat, die man ablegen möchte? Man bekämpft sie! Das ist vernünftig. Und wenn man das nicht schafft, dann arrangiert man sich – oder man verzweifelt.

Und wie ist das bei anderen? Wenn ein Mitarbeiter, ein Kollege oder Partner eine Untugend hat? Was tun, wenn jemand kommt und sagt: »Ich weiß genau, worin mein Problem besteht. Aber ich schaffe es einfach nicht, mein Verhalten zu ändern. Etwas ist stärker als ich.« Wir tun was dagegen. Vernünftig ist das, aber leider meistens vergeblich. Wenn auch nicht folgenlos. Denn das Problem bleibt meistens bestehen. Das einzige, was sich verändert, ist die Qualität der Beziehung. Leider.

Paradox geht immer noch etwas, wenn sonst nichts mehr geht. Der paradoxen Verschreibung liegt das Prinzip zugrunde, daß ein Mensch sich dadurch ändern solle, daß er unverändert bleibt.

Verpflichten wir den Menschen, das zu tun, was er ohnehin schon tut!

»Tun Sie in dieser Woche nichts gegen Ihr Problem, damit wir sehen können, wie schlimm es tatsächlich ist.«

Der Mensch staunt und entkrampft sich.

Es ist ganz einfach: Das Prinzip besteht darin, den anderen zu ermuntern, sich anzustrengen, alles das zu tun, was er bisher zu vermeiden bemüht war, statt sich anzustrengen, das zu vemeiden, was er bisher getan hat.

»Behalten Sie Ihr Verhalten, damit Sie es loswerden.« Das ist gleichbedeutend mit: Führen Sie das, was Ihnen lästig ist, willentlich herbei!

Wenn ein Mensch angewiesen wird, das fragliche Verhalten bewußt auftreten zu lassen, dann bewirkt diese Art der Intervention, daß das Verhalten unter Kontrolle kommt, das er bislang nicht willentlich beeinflussen konnte.

Wenn er die Aufforderung befolgt, also wirklich das problematische Verhalten herbeiführt, dann tut er es ab sofort absichtlich. Was man absichtlich tut, kann man auch absichtlich nicht tun. Das heißt: Man hat es unter Kontrolle. Hurra!

Befolgt der Mensch die Aufforderung nicht, heißt das: Er zeigt das problematische Verhalten nicht – auch hurra! Wenn er der Aufforderung Widerstand leistet, dann kann er es nur durch das Unterlassen des geforderten problematischen Verhaltens – und die Intervention hat ihren Zweck erreicht.

Angenommen, zwei Mitarbeiter streiten immer wieder miteinander. Alles Ermahnen und Warnen hilft nichts. Sie streiten und streiten. Ganz einfach: Man verordnet den beiden Streithähnen, mehr zu streiten, damit sie sich weniger streiten.

Man kann auch zwei Menschen, die sich dauernd streiten, sagen, es sei noch nicht soweit, das Streiten gänzlich aufzugeben (?!). Deswegen sollten sie in der folgenden Woche mindestens x-mal streiten. (Variante: Statt x-mal streiten kann man ein Meeting als Arena vorschlagen oder die Cafeteria ...)

Den Menschen werden Bedingungen auferlegt, die sie einengen und die ihr spontanes Verhalten mit einem Element des Vorsatzes beladen und damit unter ihre Kontrolle stellen. Ein bestimmter Ort, ein Zeitraum oder andere Bedingungen, die beachtet werden müssen, vernichten die Streitlust.

Man fordert einen Choleriker auf, sein Temperament (!) weiterhin auszuleben – schließlich braucht das Haus Dynamik –, aber nur an einem bestimmten Platz im Büro.

Man beauftragt einen Nörgler, sich täglich eine Stunde (!) für seine Kritik zu reservieren.

Man weist einen Mitarbeiter mit schlampigem Outfit an, an jedem Mittwoch und Freitag seiner Individualität (!) Ausdruck zu verleihen.

Einem Menschen mit Versagensangst rät man, diese Angst zeitlich auszudehnen. Er solle erst dann zulassen (!), daß er sich ruhiger fühle.

Um dich zu verändern, bleibe so, wie du bist! Nach dem Motto: Wenn das schreckliche Ereignis ohnehin auftritt, dann nehmen Sie doch sein Erscheinen selbst in die Hand!

Den Menschen, die freiwillig ins Seminar kommen, wird unterstellt, sie wollten sich ändern. Wieso ist Veränderung dann so schwierig? Warum gibt es das Phänomen des Widerstandes?

Ein Wandel beinhaltet den Verlust an Beständigkeit und

Wahrung der eigenen Persönlichkeit. Damit ist ein großes psychologisches Risiko verbunden. Hinzu kommt, daß ein Wandel einer Person auch alle anderen verändert, die mit ihr in diesem System leben. Sobald sich jemand zu verändern beginnt, kann er das zukünftige Verhalten des Systems nicht mehr vorhersagen (Was werden die Kollegen sagen, wenn ich das wirklich tue?). Jede Veränderung eines einzelnen bringt das Ideal der Beständigkeit (Homöostase) in Gefahr.

Deswegen bietet sich auch hier eine paradoxe Intervention an: Eine Möglichkeit, diese Zwiespältigkeit aufzulösen, besteht darin, die Konsequenzen einer Veränderung zu übertreiben. »Ändern Sie sich nicht schneller, als Sie können.«

3. Indirekte und rätselhafte Paradoxa

Die dritte Gruppe von paradoxen Interventionen entzieht sich einer Vereinfachung und Schematisierung mehr als die beiden vorigen. Diese Paradoxa enthalten unklare und mehrdeutige Begriffe, unbestimmte Beziehungshinweise, Widersprüche und vor allem sprachliche Tricks, die eine vernünftige Deutung der Aussage verhindern. Wenn wir mit der Hilfe der Sprache den Verstand als den Hauptbeteiligten des Problems – er hat in der Regel die Falle konstruiert – heraushalten wollen, dann bietet sich die List der Paradoxie an: Beschäftigen wir den Verstand mit der endlosen Sinnsuche! Auf diese Weise kann das Spiel beginnen oder weitergehen.

Gerade bei stark intellektualisierenden Menschen wirkt diese Technik Wunder. Weil rätselhafte Botschaften per se unklar sind, kann der Partner sie weder ignorieren noch ihnen präzise widersprechen oder einzelne Punkte zurückweisen. Im Gegenteil, je höher der Grad der Rätselhaftigkeit, desto größer wird das Bemühen, Sinn und Logik darin zu finden. Vor allem Prozesse im Unbewußten steuern jetzt das Verhalten des Menschen, denn Rätsel und Bilder sprechen speziell die tiefen Schichten der Persönlichkeit an.

Bitte lesen Sie diese Zeile nicht!

Was im nächsten Satz gesagt wird, ist wahr.

Was im vorigen Satz gesagt wurde, ist nicht wahr.

Daß das funktioniert – wer kann das fassen? Es ist unfaßbar, wenn aus einfachen Wort- und Gedankenkonstruktionen unversehens andere Wirklichkeiten entstehen. Mir ging es in der Kindheit immer so, wenn ich sah, wie in der Küche Butter, Eier, Mehl und Zucker bereitgestellt wurden. Aus diesen im einzelnen wenig attraktiven Zutaten sollte ein Kuchen werden? Im richtigen Mengenverhältnis, gut verrührt, bei der richtigen Temperatur und der richtigen Wartezeit – tatsächlich: Es gab einen Kuchen! Denken wir den Fall weiter: Ist einmal keine Butter im Haus, kommt entweder ein ganz anderer Kuchen dabei heraus – oder gar nichts Gescheites.

... eine sich selbst erfüllende Prophezeiung?

Der Begriff bezeichnet das Phänomen, daß Ereignisse nur deshalb in der vorausgesagten Weise geschehen, weil eine entsprechende Prognose gestellt wurde oder weil eine Erwartung hinsichtlich dieses Ereignisses gehegt wurde.

Kontinuierlich hat sich dieses Phänomen gemausert: vom Thema für Spinner zum Hauptforschungsgebiet vieler sozialwissenschaftlicher Disziplinen. Was steckt dahinter, und welche Bedeutung hat die sich selbst erfüllende Prophezeiung für das Unternehmen?

Prophezeiungen, Prognosen, Überzeugungen, Erwartungen und das, was ein Mensch glaubt, alles das löst in vielen Fällen einen Prozeß aus, der zu dem führt, woran der Mensch glaubt. Glauben bedeutet in dieser Hinsicht nicht unverbindlich meinen, sondern mit verbindlicher Gewißheit daran festhalten, die Wahrheit zu »wissen«. Erwartung in diesem Sinn ist stets mit Gewißheit und Überzeugung verbunden.

Erwartungen sind gewiß im Sinne des Popperschen Gewißheitsbegriffs. Gewißheit im alltäglichen Sprachgebrauch bedeutet soviel wie »hinreichend sicher für praktische Zwecke«, wobei sich das Sicherheitsniveau an den jeweiligen Konsequenzen bemißt, die ein Irrtum nach sich zöge. So wie eine Art intuitiver Signifikanz, die Bereitschaft, etwas mit Gewißheit anzunehmen.[35]

»Ich erwarte nichts von dieser Sache.« Was meint derjenige genau? Meint er wirklich, er sei ganz unbefangen, oder drückt er damit aus, daß er sehr skeptisch ist? In Anlehnung an Watzlawick läßt sich feststellen: Man kann nicht nichts erwarten. Am besten läßt sich die Unvermeidbarkeit von Erwartungen in solchen Situationen beobachten, in denen sich der Verlauf und der Ausgang schwer abschätzen lassen. Wenn zum Beispiel eine Krankheit entweder glimpflich oder tödlich enden kann oder wenn in einem Katastrophenfall Rettung entweder rechtzeitig oder zu spät kommen kann … Angenommen, jeweils beide Möglichkeiten seien gleich wahrscheinlich, dann zeigt die Beobachtung, daß es schwerer ist, die Unsicherheit zu ertragen, als sogar den schlimmen Verlauf zu erwarten. Auch das Schwanken mal zur Hoffnung, mal zur Verzweiflung gibt es. Dagegen scheint es nicht oder nur sehr schwer möglich zu sein, längere Zeit in einem indifferenten Erwartungsvakuum durchzuhalten. Erwartungen lösen die Anspannung, jederzeit auf alles gefaßt zu sein. Das würde jedes Bewußtsein heillos überstrapazieren.

Wir sind also zur Erwartung verurteilt. Und die Art der Erwartung setzt eine Entwicklung mit der Tendenz zur Selbstverwirklichung in Gang.

Drei Bedingungen der Selbsterfüllung müssen gegeben sein:
1. Voraussagen müssen prinzipiell in Erfüllung gehen können;
2. die Betroffenen müssen das erwartete Ereignis – zumindest in geringem Umfang – selbst beeinflussen können;
3. die Chancen des Eintretens einer Selbsterfüllung erhöhen

sich mit der Größe des Zeitraumes, der zwischen der Voraussage und dem Voraussage-Ausgang liegt.

Es zeigt sich, daß die Wahrscheinlichkeit, mit der ein bestimmtes Ereignis eintritt, von dem Betreffenden als um so höher eingeschätzt wird, je besser er sich das Ereignis vorstellen kann und je häufiger er es sich vorgestellt hat.

Erwartungen wirken wie Filter. Je stärker eine Überzeugung verankert ist, desto seltener wird etwas Widersprüchliches überhaupt wahrgenommen. Hält sich jemand für einen Pechvogel, wird er sogar einen Volltreffer in der Lotterie für einen Irrtum des Schicksals halten. Erwartung steuert die selektive Wahrnehmung in erstaunlichem Maß. Wir sehen etwas mit viel größerer Wahrscheinlichkeit, wenn wir es erwarten. Das geht bis zum Gedankenlesen: Da glaubt einer zu wissen, was der andere denkt, und schon gelingt es ihm, alles, was der andere tut, passend zu seiner Erwartung zu interpretieren.

Wenn ein Mensch eine Aufgabe bewältigt, lernt er nicht nur die Lösung dieser einen Aufgabe, sondern er lernt allgemein, daß er in der Lage ist, Probleme aus dem Weg zu schaffen. Und damit steigen seine Aussichten auf den nächsten Erfolg.

Ereignis und Erwartung bilden ein sich selbst erhaltendes System, das sich selbst reproduziert und schließlich sogar verewigt, weil aus dem Ereignis wieder die Erwartung des Ereignisses und – daraus wieder das gleiche Ereignis resultiert. Teufelskreis oder Glückssträhne – die Dynamik und ihre Gesetze sind dieselben.

Wenn man zustimmt, daß es keine sichere Möglichkeit gibt, die Zukunft vorherzusagen, dann gibt es auch keine objektive Entscheidung darüber, ob eine Erwartung richtig oder falsch ist. Folglich muß es so sein, daß wir dafür sorgen, daß unsere Erwartung »stimmt«. Wirklichkeit wird also gemacht. Die subjektive Realität des einzelnen wird oft als eingebildete Scheinwirklichkeit disqualifiziert. Dabei ist erfahrungsgemäß diese individuelle Wirklichkeit nicht nur viel bedeutsamer als die allgemein akzeptierte, sondern wohl auch die einzig mögliche.

Wir neigen dazu, nach einer Ordnung in den Geschehnissen und ihrem Ablauf zu suchen. Sobald wir eine solche Ordnung – eine Interpunktion – in die Ereignisse hineingelesen haben, wird auch diese Weltschau wieder durch selektive Wahrnehmung selbstbestätigend.

Wenn sich einmal eine grundlegende Erklärung herausgebildet hat, verfestigt sie sich schnell. Den Rest reimt sich der Mensch manchmal recht abenteuerlich zusammen, dann zieht er scheinbar logische Schlußfolgerungen, und die Dinge nehmen ihren Lauf. Unaufhaltsam.

Das entscheidende Wesensmerkmal einer sich selbst erfüllenden Prophezeiung ist, daß das vorausgesagte oder fest erwartete Ereignis ohne diese Voraussage oder Erwartung nicht oder nicht in der realisierten Form eingetreten wäre. Erwartungen haben Konsequenzen, weil sie existieren. Es macht keinen Unterschied, ob sie von Dritten für richtig oder nicht richtig gehalten werden. Selbst der »Wahrheitsgehalt« der Information, die zur sich selbst erfüllenden Prophezeiung geführt hat, ist belanglos, wenn er nur den Betreffenden plausibel erscheint.

Die Verschwörungstheorie verdeutlicht auf groteske Art, wie einfach, schnell und sicher das funktioniert. Ein Dialog in der Kantine:

A: »Schau, wie die tuscheln. Die reden über mich. Ich merke genau, wenn etwas gegen mich läuft.«
B: »Was haben die dir denn getan?«
A: »Noch nichts. Weil ich nämlich aufpasse!«
B: »Vielleicht irrst du dich …«
A: »Ich irre mich nie!«
B: »Na, weißt du …?!«

A: »Ah, du hältst also auch zu denen! Die haben die ganze Abteilung schon unterwandert. Du steckst auch schon mit denen unter einer Decke. Daß du dich so aufregst, ist doch der Beweis ... Die wollen doch nur, daß der Chef mich hinauswirft!«

Der Chef wird es tun müssen, wenn A sich weiterhin so verhält. Oft genügt es eben wirklich, fest an etwas zu glauben, damit es eintreten kann ...

Eine – höchst provokative – Studie gibt Hinweise, daß das Verharren in Armut unter anderem auch als Folge von Mißerfolgserwartungen erklärt werden kann.[36]

Daß eine Erwartung das eigene Verhalten regelt, ist der eine Teil der sich selbst erfüllenden Prophezeiung. Der andere betrifft die anderen, von denen wir uns eine Vorstellung gemacht haben.

Wenn Eltern ganz genau »wissen«, daß alle Familienmitglieder aufgrund von Vererbung unsportlich sind, folglich auch ihre Kinder, dann werden sie sich das Geld für den Sportverein und die Trainerstunden sparen. Sie werden sich nicht für Sportsendungen begeistern, vielleicht sogar abschätzig über den ganzen »Rummel« reden. Demzufolge werden ihre Kinder mit großer Wahrscheinlichkeit tatsächlich unsportlich bleiben.

Im Unternehmen kann das so aussehen: Eine neue Maschine ist angeschafft worden. Bei einem Teil der Arbeiter hat es sich herumgesprochen, daß die Maschine sehr schwer zu bedienen sei. Diese Arbeiter haben erheblich größere Schwierigkeiten damit, die Bedienung der Maschine zu erlernen, als diejenigen, denen dieser schlechte Ruf der Maschine unbekannt war.

Hält man Blondinen für blöd und eitel, redet man in ihrer Gegenwart nicht über anspruchsvolle Themen – und sie verdummen. Jedenfalls auf Dauer ein bißchen. Vielleicht ... nicht alle. Oder doch?

Menschen verhalten sich häufiger erwartungskonform als nicht erwartungskonform. Und dahinter steckt wieder ein Mensch mit seinen Erwartungen von der Person, mit seiner – vielleicht – verkündeten Prophezeiung.

Wenn wir zu der Erwartung Anlaß sehen, gleich einen liebenswürdigen Menschen kennenzulernen, kann unser Verhalten beim ersten Treffen ihn tatsächlich zu einem liebenswürdigeren Menschen machen. Wenn wir zu der Erwartung veranlaßt werden, eine unangenehme Person zu treffen, nähern wir uns ihr vielleicht so voll Abwehr, daß wir sie zu einer unangenehmen Person machen.[37]

Diese sich selbst erfüllende Prophezeiung, die für den zwischenmenschlichen Bereich von herausragender Bedeutung ist, hat unter dem Namen Pygmalion-Effekt Berühmtheit erlangt. Pygmalion, das war der geniale Bildhauer der antiken Mythologie, der zu einer Frauenstatue, die er selbst geschaffen hatte, so sehr in Liebe entbrannt war, daß er die Götter anflehte, sie mit Leben zu erfüllen. Die Göttin Aphrodite tat ihm den kleinen Gefallen ... und er hatte seine schöne Galatea.

Wie läßt sich der Pygmalion-Effekt (er-)klären? Wir machen uns zwangsläufig ein Bild von einem Menschen, nicht erst bei der ersten Begegnung, sondern schon dann, wenn uns die ersten Informationen über ihn erreichen. Ganz automatisch und meistens völlig unbewußt folgen wir diesem Konzept: Wir blenden aus, was uns nicht (ins Konzept) paßt, und wir deuten um, damit möglichst viel paßt.[38] Und irgendwie teilen wir das, was wir vom anderen halten, unwillkürlich mit: Dazu genügt ein winziges körpersprachliches Signal, der Ton und die Art der Sprache, die Dauer des Blickkontaktes, die Art zu atmen ... Unser Gegenüber reagiert – wieder zumeist unbewußt – darauf. Aktion und Reaktion und Reaktion auf Reaktion und die Reaktion auf die Reaktion der Reaktion ... Wie ein lange eingeübter Tanz. Und dabei geschieht das Unglaubliche: Der andere beginnt, unserem Konzept zu entsprechen!

Wenn Sie Mitarbeiter für unselbständig halten, werden sie es sein. Jedenfalls mit der Zeit. Diese Erwartung teilt sich über die ganze Bandbreite der Kommunikation mit – verbal und nonverbal, unbewußt oder nicht, unbeabsichtigt oder nicht. Vielleicht nur kleine Herabsetzungen, nichts Dramatisches: Da wird einmal eine Antwort auf die Initiative eines geringgeschätzten Mitarbeiters »vergessen«, sein Vorschlag »überhört«, seine Äußerung mit einem kaum merklichen, aber verächtlichen Achselzucken quittiert, mit einem mildevielsagendem Lächeln, mit abweisend-vielbeschäftigter Miene bei der Besprechung, mit leicht unwirscher Unterbrechung oder etwas zu knapper Anweisung … schon weiß der Mitarbeiter Bescheid.

Aber dieser Mitarbeiter gibt nicht schnell auf. Er zieht sich nicht sofort demotiviert und frustriert zurück – das kommt erst später. Er hängt sich richtig rein. Trotzdem hat er Pech. Denn selbst dann, wenn er etwas von der Erwartung des Chefs Abweichendes tut, wird es der Chef im Regelfall gar nicht bemerken, weil seine selektive Wahrnehmung gute Arbeit leistet. Oder aber der Chef deutet es um, damit es in seine negative Überzeugung paßt: Saisonarbeiter, Schaumschläger … Die Führungskraft sammelt Gründe und Belege für die Leistungsschwäche des Mitarbeiters – und kein einziger davon bezieht sich auf die Führungskraft selbst.[39]

Ein Mitarbeiter, der sich als wenig erfolgreich erlebt, kann nur schwer seine Selbstachtung wahren. Auf die niedrigen Erwartungen seines Vorgesetzten hin versucht er üblicherweise, seine empfindliche Psyche nicht weiter zu gefährden oder gar zu beschädigen, indem er allen Situationen ausweicht, die zu neuem Versagen führen könnten: Je weniger Kundenkontakt, desto weniger Flops. Nach dem Motto: Wer nichts macht, macht auch nichts verkehrt. Geringe Erwartungen des Vorgesetzten und verletzte Gefühle des Mitarbeiters rufen ein Verhalten hervor, das die Wahrscheinlichkeit des Scheiterns erhöht und deshalb – die Erwartungen des Vorgesetzten erfüllt.

Unterstellt ein Management seinen Mitarbeitern, daß sie nur unter akribischer Kontrolle effizient arbeiten, dann wird jede Führungskraft dazu tendieren, möglichst viele Arbeitsabläufe zu reglementieren und zu kontrollieren. Der damit verbundene Verlust von Selbständigkeit und Arbeitsfreude wird tatsächlich die Produktivität senken. Die Prophezeiung erfüllt sich nicht nur, sondern sie führt sogar zu dem Versuch, mit mehr Kontrolle weiteren Leistungsabfall zu verhindern.

Man kann nicht nicht kommunizieren. Kein Mensch kann einem anderen verbergen, was er von ihm hält. Auch keine Führungskraft kann das. Auch nicht mit Training. Wo Manager glauben, ihren Mitarbeitern wenig zutrauen zu dürfen, da ist es ihnen unmöglich, das für sich zu behalten. Die Botschaft teilt sich selbst mit, unabsichtlich und unbewußt. Es ist fatal: Manager sind sogar ausgerechnet dann am mitteilsamsten, wenn sie glauben, besonders verschlossen zu sein. Sagen sie nichts oder wenig, geben sie sich betont nüchtern und zugeknöpft, dann wirken sie besonders unzufrieden. Ihre Mitarbeiter haben dann mit großer Wahrscheinlichkeit den sicheren Eindruck, abgelehnt oder nur geduldet zu sein. Kontrolliert der Vorgesetzte genau, was er sagt, ändert das wenig. Die Art, wie er es sagt, gibt den Ausschlag. Gerade durch Schweigen oder Wortkargheit geben sich Ablehnung oder Indifferenz besonders klar zu erkennen.

Jede Führungskraft vermittelt ihren Untergebenen geringe Erwartungen weit eindringlicher als hohe. Liegt es vielleicht daran, daß die meisten Menschen erheblich sensibler sind für jede Form der Geringschätzung und der Abwertung? Und Abwertung kennt kein Verfallsdatum: Wer einmal gedemütigt worden ist, weiß oft noch nach Jahren Details, »als sei es gestern gewesen«.[40]

Was Manager von sich selbst halten, beeinflußt auf subtile Weise auch, was sie von ihren Mitarbeitern halten. Wer sich zutraut, seine Mitarbeiter auf ein höheres Leistungsniveau zu trimmen, sie zu motivieren und zu stärken, wird viel von ihnen erwarten und sie mit Zuversicht und Kreativität behandeln, damit sich die eigenen Erwartungen erfüllen. Wer aber an seinen eigenen Führungsfähigkeiten zweifelt, drosselt die Erwartungen an die Mitarbeiter, investiert weniger Geduld und Ideen – mit fürchterlichen Folgen. Anders ausgedrückt: Die Erfolgsbilanz hervorragender Manager und ihr Vertrauen in ihre eigenen Fähigkeiten verschaffen den hohen Erwartungen, die sie in ihre Mitarbeiter setzen, die erforderliche Glaubwürdigkeit. Das ist die Voraussetzung dafür, daß die Mitarbeiter die Erwartungen solcher Chefs für realistisch halten, sich intensiv anstrengen und – sie wahrscheinlich erfüllen. Diese Leistungssteigerung wiederum stärkt die Zuversicht des Managers in das Leistungsvermögen der Mitarbeiter und seine Selbsteinschätzung.[41]

Märchenhaft oder teuflisch können solche Beziehungssysteme sein: Das eine bedingt das andere. Führungskräfte und Mitarbeiter arbeiten gemeinsam an der Verwirklichung eines geheimen Plans. Entweder sie brechen alle Rekorde und jagen allen Wettbewerbern einen höllischen Schrecken ein, oder sie befinden sich in einem Teufelskreis und machen sich das Leben selbst zur Hölle. Dabei sieht jeder der Beteiligten nur seinen eigenen Standpunkt, ohne sich davon lösen zu können. Diese wechselseitige Verstrickung nimmt einen kreisförmigen Verlauf (siehe Seite 171).

Es braucht viel Kraft, Mut und Selbstüberwindung, sich selbst als Motor zu sehen, der das verhängnisvolle System in Gang hält.

Nachdem die Sozialwissenschaften diese Konsequenzen der Erwartung erkannt und beschrieben hatten, wurde den Lehrern, Trainern und Führungskräften empfohlen, den Pyg-

malion-Effekt zu verhindern, indem sie einfach keine Erwartungen aufbauen. Nur: Das geht wirklich nicht, wie Experimente gezeigt haben. Erwartungen sind Spontanphänomene, die sich nicht willentlich direkt verändern lassen. Doch dann sollten wir uns wenigstens von Zeit zu Zeit fragen: Warum erwarte ich das? Von wem stammt die Information, und für wie zuverlässig schätze ich das ein?

Ein Kreis hat bekanntlich weder einen Anfang noch ein Ende. Wie man hineinkommt, hat der eine oder andere schon erlebt. Aber wie kommt man da wieder heraus?

Sie haben es bestimmt auch schon erlebt. Irgendeine Kleinigkeit, ein Zufall, eine neue Konstellation – und der Spuk vergeht wie ein dummer Traum, wenn der Wecker schellt. Das ist der Relaiseffekt. Wenn es gelingt, an einer Stelle des Teufelskreises zumindest eine kleine Veränderung vorzunehmen, dann trägt die ständige Rückkoppelung des Systems gerade aufgrund seiner Zirkularität zu einer Veränderung bei, die sich Runde um Runde stärker verändert.

... Systemischer Markt?

Hat man den Markt bisher als Verkäufermarkt und Käufermarkt verstanden und damit die Dominanz einzelner Marktpartner im Namen manifestiert, so zeigt der Begriff Systemischer Markt, daß ein System im Vordergrund steht: das System, das aus dem Miteinander aller Partner und dem Zusammenspiel aller Aktivitäten in einer bestimmten Situation entsteht. In einem System gibt es keine unbedeutenden Faktoren, weil alles in jeder Hinsicht miteinander verbunden ist, vielschichtig reagiert und oft langfristige Auswirkungen hervorruft. Was in diesem Markt geschieht, ist nur aus dieser Vernetzung zu verstehen.

Ein einzelner ist kaum in der Lage, Interdependenzen weniger Elemente zu überblicken, geschweige denn die einer großen Anzahl, wie ernüchternd bewiesen werden konnte.[42] Spezielle Computerprogramme können die Simulation von Systemen darstellen: Jeder Eingriff, jede Veränderung einer einzelnen Größe beeinflußt bereits das gesamte System.[43]

Es bleibt uns nichts anderes übrig: Wenn wir aktiv werden wollen, müssen wir uns die Welt erklären können. Lange haben wir geglaubt, wenn die Daten nur präzise genug wären, würden wir das schaffen. Nie haben wir mehr und genauere Daten über unsere Umwelt erfassen können als heute, und jetzt müssen wir zugeben, daß eine Erklärung nur schwerer geworden ist. Wir beginnen, Gesetzmäßigkeiten zu begreifen, aber wir können solch hochkomplexe Systeme wie die Wirtschaft nicht in den Griff bekommen.

»Die Vorstellung, Wirtschaft planen zu können, ist naiv«, sagt der Soziologe Niklas Luhmann[44], und das muß jeden ernüchtern – wenn es zutrifft.

Trotzdem ist es für jeden Ökonomen die größte Herausforderung, den Markt als ein komplexes System zu verstehen. Um die Wirtschaft zu erklären, wurden schon abenteuerliche

Hypothesen aufgestellt. Ökonomische Erklärungsmodelle für den Markt versuchen seit fast hundert Jahren mit immer diffizileren Formeln Transparenz zu schaffen. Zur Zeit Napoleons ging die Forschung allen Ernstes noch davon aus, eines Tages eine einzige mathematische Gleichung aufstellen zu können, die mächtig genug wäre, alle soziologischen Phänomene zu erklären!

Der Verlauf von Aktienkursen oder die Entwicklung von Märkten scheint eine Struktur zu haben und fordert dazu heraus, eine solche Welterklärungsformel aufzustellen. Schon viele solcher Theorien wurden als »eherne Gesetze« aufgestellt.[45] Und wenn es zu Abweichungen oder gar zum Auseinanderklaffen von mathematischer Formel und Realität kommt, dann werden die Formeln länger; neue Variablen machen den Versuch in dem Maß lächerlich, in dem sie ergänzt werden … Und die Realität zwingt zu rasanter Anpassung der Formeln.

Die Börse macht es deutlich: Millionen von Kunden handeln scheinbar unabhängig voneinander – und doch bleibt das Börsengeschehen überraschend stabil. Bis zu einem gewissen kritischen Punkt. Dann ereignen sich die erstaunlichsten Dinge … Spezielle Gesetzmäßigkeiten sorgen dafür, und die Chaostheorie kann sie sogar mathematisch beschreiben. Leider nicht berechnen, also keine präzisen Voraussagen machen. Protokoll statt Prognose. Ein Crash läßt sich beschreiben, sein Auftreten mit hoher Wahrscheinlichkeit prophezeien, aber leider nicht datieren. Wie ein Hurrikan oder ein Erdbeben.

In der Wirtschaft bilden sich bestimmte Gleichgewichtszustände, stabile Märkte mit konstantem Angebot und ziemlich konstanter Nachfrage. Die Wirtschaft funktioniert fast wie ein lebender Organismus: So wie im Körper Blut kreist, so kreisen in der Wirtschaft Geld und Güter. Kapital, Macht, Informationen sind nicht in einem Teil der Organisation zentralisiert, sondern auf zahllose Teile des Systems verteilt. Auf jedes Unternehmen, auf jeden Haushalt. Neue Technologien und weltweite Simultaninformation sind für die Zunahme der Komplexität verantwortlich. Und damit auch für eine zunehmende Stabilisierung.

Und so wie ein Organismus erkranken kann, ohne gleich daran sterben zu müssen, können Volkswirtschaften leiden und siechen. Und wenn bestimmte Komponenten fatal zusammentreffen, auch kollabieren. Selten kann eine einzelne Ursache dafür dingfest gemacht werden, dafür um so häufiger eine Vernetzung von Bagatellen.

Kleine Zufälligkeiten haben oft ungeahnte Auswirkungen. Schon geringfügige Störungen des Marktes – neue Technologien oder kritische Fernsehsendungen – bringen das System von einem Gleichgewichtszustand in einen anderen. Bricht irgendwo der Rindfleischmarkt zusammen, stabilisiert sich der Fischmarkt auf neuem Niveau.

Angebot und Nachfrage bieten sich als Musterbeispiel für einen einfachen Rückkoppelungsprozeß an. Das Lehrbeispiel vom Schweinezyklus stellt ein solches Modell dar. Wenige Schweine – hohe Preise – Anreiz zur Schweinezucht – viele Schweine – Preisverfall – wenige Schweine ... Wirtschaftssysteme steuern und verändern sich scheinbar selbst.

Doch der Blick in die Zeitung beweist uns jeden Tag, daß solch eine idealtypische Schematisierung schön, aber naiv ist. Denken Sie nur an die Streiks der Drucker Ende der siebziger Jahre: Sie sollten durch die künstliche Verknappung der Arbeitskraft zu einer Erhöhung der Löhne führen. Aber sie verhalfen den Druckern nicht zu mehr Einkommen, sondern beschleunigten den technologischen Fortschritt hin zu der (fast) menschenleeren Druckerei.

Der Systemische Markt erklärt sich durch die Systemtheorie. Dieser Ansatz stellt die Funktion, die Struktur und die wechselseitige Beeinflussung von Systemen in den Vordergrund. Wird ein Ausschnitt aus dem Gesamtbild isoliert betrachtet und erklärt, wird man die Zusammenhänge nicht verstehen können. Alles hängt zusammen, nur fehlt uns oft der Blick für das Ganze. Wir sehen meist nur »soweit das Auge reicht«. Wir sind es gewohnt, in Kausalketten zu denken. Wenn du bequem von A-Stadt nach B-Dorf willst, dann fährst du am besten mit dem Auto. Wenn du dein Altöl billig loswerden willst, dann schütte es auf das Nachbargrundstück. Problem gelöst. Und das ist buchstäblich kurzsichtig. Die Straßen sind verstopft, und das Auto ist zwar noch bequem, aber kein Fahrzeug mehr, nur noch ein Stehzeug. Und das Altöl ist nicht weg, es kommt über kurz oder lang im Trinkwasser wieder auf meinen Tisch.

Erst wenn wir in Kausalnetzen denken, gewinnt der komplexe Prozeß Konturen: Wir beginnen, den Systemischen Markt zu entdecken. Kausalnetze lassen die zahllosen Ursachen zu einem zusammenhängenden Ganzen verflochten erscheinen. Wenn der Blutdruck fällt, ist das nicht nur etwas, was nur das Herz-Kreislauf-System betrifft: Das gesamte Wohlbefinden verändert sich, die Antriebskraft schwindet, der Magen rebelliert, die Augen versagen, die Knie werden weich. Wer glaubt, mit einer neuen Brille und Haferschleim sei bald wieder alles gut, denkt in Kausalketten. Wer etwas für seinen Blutdruck tut, bessert sein Allgemeinbefinden. Der erste Schritt vom Denken in Kausalketten hin zum Denken in Systemen und Kausalnetzen ist getan.

Was ist ein System? Ein Haufen Ziegelsteine ist kein System. Wenn man einige hinzufügt oder wegnimmt, bleibt es ein Haufen Ziegelsteine. Bei einem System geht das nicht, ohne daß es sich vollkommen ändert oder zerstört wird.

Ein Baum ist ein System. Denn die wichtigste Eigenschaft eines Systems ist, daß es aus mehreren unterschiedlichen Komponenten besteht. Das allein ist aber nicht genug. Schließlich enthält auch ein gemischter Salat mehrerlei. Doch es fehlen Struktur und Ordnung, von einer Organisation ganz zu schweigen.

Die zweite wichtige Eigenschaft eines Systems ist also die Vernetzung. Dadurch verhält sich ein System völlig anders als seine Teile. Es wird ein neues Ganzes.

Eine Müllkippe ist kein System. Denn man kann sie auseinandernehmen, vergrößern oder umverteilen: Es bleibt eine Müllkippe.

Eine Fabrik ist ein System. Ein künstliches System, das den Gesetzen von Organisation, Wandelbarkeit und Stabilität unterliegt.

Ein Atom ist ein System. Darin sind die Elementarteilchen nicht zufällig zusammengewürfelt, sondern wohlgeordnet in einem Wirkungsgefüge organisiert.

Treten mehrere vorher getrennte Systeme in eine enge Beziehung, dann kann daraus ein neues, übergeordnetes System entstehen. So entsteht aus mehreren Atomen (zum Beispiel zwei Wasserstoffatomen und einem Sauerstoffatom) ein Molekül (nämlich Wasser), aus Zellen ein Organ, aus Mikroben, Pflanzen und Tieren ein Ökosystem.

Ein System ist immer mehr als die Summe seiner Teile. Dieses »Mehr« ist die Struktur, die Organisation, das Netz der Wechselwirkungen.

Systeme sind entweder statisch oder dynamisch. Statisch sind nur von Menschen erfundene Systeme: Klassifizierungssysteme, Dokumentationssysteme, mathematische Systeme … Die Welt, in der der Mensch lebt, besteht aus dynamischen Systemen. Wirklich einfache Systeme gibt es nur in unserer Vorstellung: in Theorien und auf Landkarten. In der realen Welt gibt es nur komplexe Systeme.

Dynamische Systeme scheinen das Programm zu der eigenen Veränderung in sich selbst zu tragen. Ein solches System hat den Charakter einer lebendigen Individualität, die durch Kommunikation entsteht und fortbesteht.

Das Biosystem Erde ist ein solches hochkomplexes, dynamisches System. Seine Organisation entspricht den Gesetzen überlebensfähiger Systeme. Deshalb hat das »Unternehmen Erde« seit vier Milliarden Jahren nicht Pleite gemacht.

Wenn wir nicht erkennen, daß etwas ein System ist – und das ist oft genug der Fall –, und wir es so behandeln wie einzelne Teile, dann erleben wir meistens schreckliche Überraschungen. Viele Dinge sind – isoliert betrachtet – richtig, viele klug. Doch im Zusammenhang – vernetzt – betrachtet, sind sie neuralgische Punkte oder die Saat der Katastrophe. Ihre Auswirkungen auf andere blockieren die Wirkung dieser Saat oder sprengen Teile des Systems.

Kennt man die Vernetzungen, weiß man trotzdem noch zu wenig. Nicht nur daß etwas vernetzt ist, muß man wissen, sondern auch, was wie womit vernetzt ist. Das ist das Entscheidende. Wie genau wirkt etwas zusammen?

Wechselwirkungen zwischen den Teilen eines Systems sind sehr unterschiedlich: positiv oder negativ, stark oder schwach. Und sie können umschlagen – vom Helfen zum (Zer-)Stören – oder ganz neue Situationen schaffen. Sinn wird Unsinn, Wohltat Plage, wie Goethe sagt.

Letztlich hat jede Wechselwirkung zwischen zwei Teilen eines Systems ihre eigene Dynamik, die sich sogar in einer mathematischen Formel ausdrücken läßt. Von linearen Beziehungen sprechen wir, wenn sich eine Wirkung im gleichen Maße verändert wie ihre Ursache, also proportional verläuft. Die meisten Beziehungen in Systemen der Wirklichkeit sind nichtlinear, also nichtproportional. Verringert man den Durchmesser eines Blutgefäßes um die Hälfte, dann fließt nicht die Hälfte Blut hindurch, sondern nur noch ein Sechzehntel.

In einem System disqualifiziert sich die traditionelle Betrachtungsweise von Ursache und Folge, nächste Ursache und nächste Folge usw. selbst. In Systemen verlaufen Ursa-

Ein sich selbst verstärkender Prozeß

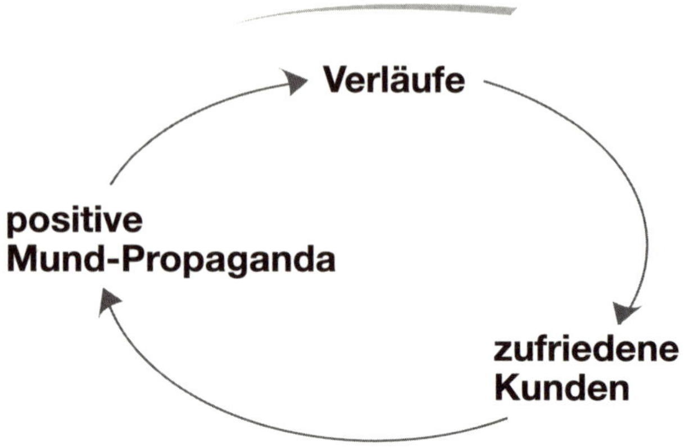

chen und Folgen in Schleifen oder Kreisen. Betrachten wir die Rückkoppelung von Regelkreisen, dann fallen zwei Gruppen besonders auf: negative und positive.

Positive Rückkoppelung entsteht, wenn Wirkung und Rückwirkung sich gegenseitig verstärken. Diese Kraft ist nötig, um Dinge zum Laufen zu bringen. Wenn sie dann jedoch nicht einer übergeordneten Regulation gehorchen, entstehen Teufelskreise, die sich immer wieder schneller drehen und nicht mehr zu kontrollieren sind.

Menschen beanspruchen Platz zum Leben. In der Stadt wird es eng, deshalb ziehen immer mehr Menschen an den Stadtrand oder aufs Land: → mehr Verkehr zu den Arbeitsplätzen in der Stadt → mehr Verkehrsfläche → weniger Platz zum Wohnen → mehr Wohnungen am Stadtrand →

Ich trinke Alkohol, weil ich mich schäme → ich schäme mich, weil ich zuviel Alkohol trinke →

Auch die Lohn-Preis-Spirale gehört hierher. Wahrscheinlich auch manch ein Ehekrach.

Eine Geschäftsbank verliert Image → einige Kunden ziehen ihr Geld ab → mehr Imageverlust → mehr Kunden ziehen ihr Geld ab → Run → Pleite.

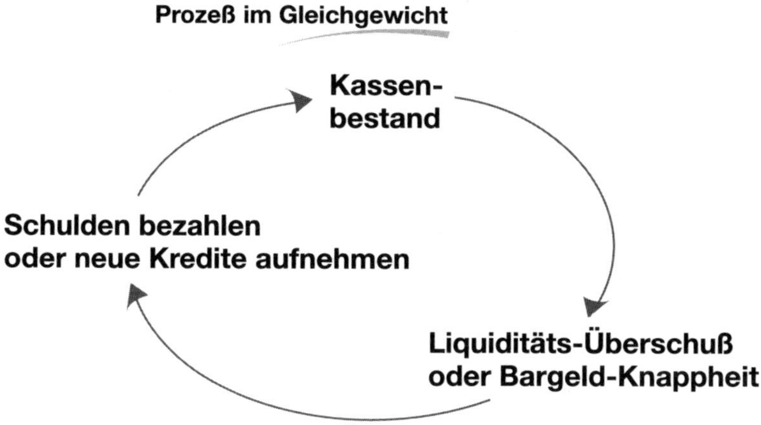

Das sind Beispiele für positive Rückkoppelungen, obwohl die Wirkungen nicht besonders angenehm sind.

Negative Rückkoppelung, die Selbstregulation, ist einer der wichtigsten Kunstgriffe, mit denen sich funktionierende Systeme am Leben halten.

Je schneller ein Wolf läuft, desto mehr Hasen kann er fangen → je mehr Hasen er fängt, desto dicker wird er → je dicker er wird, desto langsamer läuft er → je langsamer er läuft, desto weniger Hasen fängt er → je weniger Hasen er fängt, desto dünner wird er → je dünner er wird, desto schneller kann er laufen → je schneller er läuft, desto mehr Hasen kann er fangen →

Eine solche negative Rückkoppelung ist das Grundprinzip aller Regelkreise, die ein System im stabilen Gleichgewicht halten. Anders als bei positiven Rückkoppelungen verstärken sich hier nicht Ursache und Wirkung gegenseitig, sondern die Wirkung hemmt wieder die Ursache. Wächst eine Größe, so vermindert sich eine andere und umgekehrt. Hier ist »negativ« also einmal etwas Gutes.[46]

Selbst wenn man diese Regelkreise und ihre Wirkungen kennt, reicht es immer noch nicht, sie zu durchschauen. Für uns Menschen sind besonders die Regelkreise mit Zeitverzögerung schwer zu erkennen und zu handhaben. Auch bei genau dosierten Eingriffen in ein vernetztes System sind die Wirkungen oft nur durch Ausprobieren zu erkennen. Computersimulationen helfen beim Lernen. Besser der Crash findet auf dem Monitor statt als im eigenen Unternehmen ...

Hinsichtlich des Vernetzungsgrades unterscheiden sich Systeme weiterhin ganz wesentlich voneinander. Betrachten wir einmal drei Arten von Systemen:

Das einfachste System ist ein technischer Regelkreis, etwa ein Thermostat. Außen- und Innentemperatur gleicht er permanent ab und steuert immer wieder den gewählten Sollwert an. Egal wie das Wetter wird. Er versteht nichts von Meteorologie und kann doch ganz vorzüglich für konstante Temperaturen sorgen.

Deutlich komplizierter arbeiten biologische Systeme. Frederic Vester hat eindrucksvoll dargestellt, wie perfekt die Elemente dieser Systeme interagieren: Beutetiere und Jäger, Klima und Jahreszeiten, Stoffwechsel und ökologische Nischen – eins bedingt das andere. Die Ausrottung eines Insekts begründet das Aussterben einer Vogelart. Deren Fehlen stört ein anderes Gleichgewicht. Die Folgen erkennen wir oft erst später, weil Ursache und Folge räumlich und zeitlich nicht unbedingt nahe beieinanderliegen. Kleine Veränderungen können eine Riesenwirkung nach sich ziehen – und oft sind gerade die Maßnahmen mit der stärksten Wirkung diejenigen, die harmlos und unspektakulär scheinen.

Im sozialen System, also dann, wenn Menschen miteinander umgehen, erreicht die Komplexität eine gigantische Dimension. Diese Ausdehnung in der Komplexität entsteht dadurch, daß für Menschen nicht nur all das gilt, was für biologische Systeme allgemein gilt. Es kommt in sozialen Systemen hinzu, daß sich die Menschen Gedanken über die Wirkungen und Absichten der anderen machen. Sie haben Interessen und

Ziele. Sie gestalten die Regeln ihres Umgangs. Mal ist Ruhe die oberste Bürgerpflicht, mal ist Selbstverwirklichung gefragt. Eine Kultur der Harmonie folgt auf Aggressivität, Sozialdarwinismus und Militarismus. Auf Ordnung folgt Weltuntergangsstimmung (»Nach uns die Sintflut«). Ein solches System bewahrt im Wandel ein bestimmtes Maß an Konstanz.

In sozialen Sytemen haben oft sogar Fehler und persönliches Versagen eine stabilisierende Funktion. Das Versagen des einen dient einer ganzen Gruppe: Man braucht den armen Hund oder den Sündenbock, um genau so weitermachen zu können wie bisher. Würde man, statt den Sündenbock zu suchen, nach den Ursachen des Fehlers forschen, dann würde sich viel mehr in viel kürzerer Zeit ändern.

Systeme vertragen nicht nur ein gewisses Maß an Fehlern, sie erhalten sie sogar. Wer erzählte die Geschichte von dem Weltenbummler, der eines Tages in eine kleine Stadt kam? Jeden Tag wurde dort von einer Festung zur Mittagszeit ein Böllerschuß abgefeuert – einige Minuten nach zwölf Uhr. Der Fremde stellte fest, daß das Zeitzeichen regelmäßig zu spät kam. Deshalb ging er zum Kommandeur und machte ihn auf die Abweichung aufmerksam. Doch der reagierte höchst empört. Es könne gar nicht sein, daß der Böller nicht pünktlich abgefeuert werde. Jeden Tag gehe einer seiner Männer in die Stadt zum Uhrmacher. An dessen Haus gäbe es eine Präzisionsuhr. Dort nehme er einen Zeitvergleich vor. Der Fremde wollte es jetzt genau wissen und ging zum Uhrmacher. Tatsächlich: Auch dessen Uhr ging einige Minuten nach. Auf diese Tatsache angesprochen, reagierte auch der Uhrmacher mit Empörung: Er stelle seine Uhr jeden Mittag genau – nach dem Böllerschuß von der Festung.

Ursache erzeugt Wirkung. Und die Wirkung wirkt auf die Ursache zurück. Mal stabilisierend, mal verändernd.

Stark vereinfacht, kann man sich ein Unternehmen vernetzt ungefähr so vorstellen, wie die folgende Abbildung zeigt:

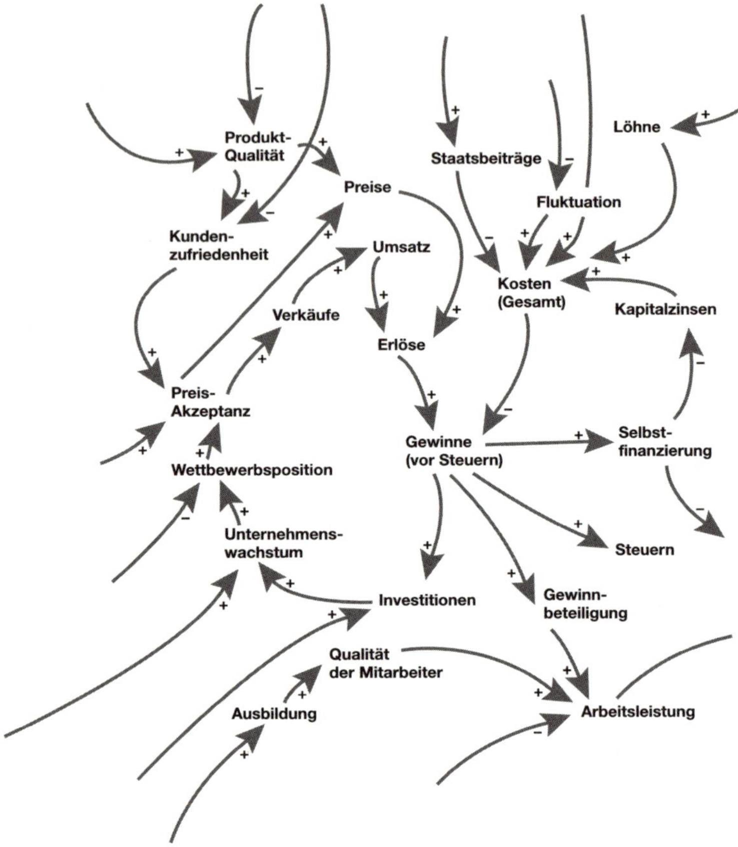

Wer die Wirtschaft als Systemischen Markt versteht, der geht von dieser zirkularen Kausalität aus. Kreise oder Spiralen bilden die Zusammenhänge von Ursachen und Wirkungen ab. Dabei ist jedes System seine eigene beste Beschreibung.

Heraus aus dem einfachen Kausalitätsdenken, und schon ergibt sich die Chance, neue und ausgefallene Lösungen zu finden. Dazu braucht der Betrachter die Fähigkeit, herauszufinden, wo das Handeln festgefahren, behindert, verkrampft und eingeengt ist.

Konjunkturschwankungen und Wirtschaftskrisen kommen nicht aus dem Nichts. Vielmehr ist es wohl meistens so: Keiner hat die Krise gewollt, aber alle haben dazu beigetragen.

Krisen und Katastrophen haben immer etwas mit Grenzwerten zu tun: Wenn Systeme Grenzwerte erreichen, wird es brenzlig. Überschreiten sie Grenzwerte, dann brennt es. Man kann einen Luftballon prall aufblasen, praller und praller – und dann platzt er. Die Katastrophe hat immer ein Element der Irreversibilität. Die Fetzen des Ballons können nicht mehr zweckvoll zusammengebracht werden. Und es war doch nur ein bißchen mehr Luftdruck als zuvor ... Die Dosis macht aus Gift ein Heilmittel (Paracelsus), aus dem Lebensmittel Wasser das tödliche Naß. Doping führt zunächst zu höherer Muskelleistung – bis zum Absturz. Oder wie es in dem Spontispruch heißt: »Gestern standen wir am Abgrund – heute sind wir einen Schritt weiter.« Einen Schritt weiter, und wir sind ganz woanders.

Systeme haben ein qualitatives Wachstum. Intelligenz entsteht nicht durch weiteres Wachstum und Vermehrung von Gehirnzellen, sondern durch deren Organisation. Die Lebensqualität und Attraktivität einer Gemeinde wird nicht durch die Anzahl ihrer Häuser, sondern durch deren Art und Anordnung bestimmt.

Auch in der Wirtschaft kommt es zu qualitativem Wachstum durch eine ständige Sanierung des Gesamtsystems durch innere Neustrukturierung. Wo etwa Kleinräumigkeit an die Stelle von Gigantomanie tritt, Vielfalt von Subsystemen an die Stelle von Monotonie, da sind auch riesige Wirtschaftssysteme dauerhaft profitabel. Allerdings müssen diese Profitcenter dann einem übergeordneten Kontrollsystem unterstellt sein, damit das System als Ganzes erhalten bleibt.

Worin besteht nun der praktische Nutzen für ein Unternehmen, wenn die Menschen beginnen, wirtschaftliche Prozesse vernetzt zu sehen? Wer vernetzt denkt, überwindet naive, buchstäblich ein-fältige Erklärungsmodelle, die immer wieder scheitern müssen.

Unvernetztes Denken engt nicht nur unseren Horizont ein, es führt auch oft in die Irre. Von wie vielen Seiten auch immer man ein Problem betrachtet, wenn man seine Wechselwirkungen nicht als Ganzes sieht und ins Kalkül zieht, stellt sich das Problem falsch dar. Man kommt zu Scheinlösungen.

Wir alle haben zahllose Modellvorstellungen davon im Kopf, wie gewisse Dinge funktionieren. »Wenn dein Auto ins Schleudern kommt, dann dreht das Steuer in die gleiche Richtung.« Das ist ein Modell einer Kausalkette. Wenn A, dann B. Das ist linear. Und linear sind auch die traditionellen Modelle zur Planung in der Betriebs- und Volkswirtschaft aufgebaut. »Vergrößere deinen Verkäuferstamm, und die Verkaufszahlen werden steigen.« Oder: »Nimm die Wachstumsrate der letzten fünf Jahre, und ziehe daraus die Projektion für die nächsten fünf Jahre, unter Berücksichtigung der Bevölkerungsentwicklung.«

Lineare Denkmodelle sind aber als Mittel der Vorhersage, wozu sie in der Regel benutzt werden, notorisch unzuverlässig. Entweder es gibt einen Pillenknick, eine Ölkrise oder die deutsche Wiedervereinigung. Prognosen versagen, weil sie das Wesentliche nicht erfassen können, nämlich die Gesamtheit der Wechselbeziehungen zwischen den Elementen empfindlicher, dynamischer Systeme.

Nichtlineare Modelle unterscheiden sich von linearen in vielerlei Hinsicht. Nichtlineares oder vernetztes Denken sucht nicht nach einfachen Kausalketten, sondern nach Punkten, an denen sich Rückkoppelungen ereignen. Es versucht nicht, die Zukunft vorherzusagen. Vielmehr arbeitet man daran, das ganze System zu verstehen und etwas über die kritischen Punkte herauszufinden. Auf diese Weise lernt man immer besser, harmonischer und sicherer damit umzugehen. Das heißt letztlich: dauerhaft erfolgreich zu sein.

Je früher ein Unternehmen neue Entwicklungen eines Systems erkennt, desto früher kann es sie für sich nutzen. Und je früher es in komplexen Systemen einen Fehler erkennt, desto eher hat es die Chance, ihn noch am Ausgangsort zu korrigieren. Je mehr ein Unternehmen von den Wirkungen eines hochkomplexen Systems kennt, desto sicherer kann es auch mit verzögerten Wirkungen leben: mit Investitionen, die erst später Früchte tragen, oder mit Raubbauprogrammen, die erst nach Jahren zum Zusammenbruch führen. Einmal angestoßen, gewinnt ein solcher Impuls Eigendynamik. Er kann nicht mehr rückgängig gemacht werden, höchstens kompensiert, vielleicht kann man bereits wirkende Kräfte nutzen, aber die Dinge sind ins Rollen gekommen ...

Wie oft glauben wir, eine Aktion gut angefangen zu haben, und stellen dann entsetzt fest, daß sich Dinge plötzlich aufschaukeln, daß sich ganz woanders Spätfolgen zeigen, die uns gar nicht passen. Isoliert geplant und realisiert, scheint alles perfekt, im Zusammenspiel jedoch ist es ein Desaster. Dazu kommt es nicht nur zeitverzögert, sondern völlig überraschend in einem Teil des Systems, in den wir gar nicht eingegriffen haben. Prozesse setzen sich fort, wenn wir sie nicht mehr beobachten, und sie gewinnen einen Charakter, den wir so nicht geplant haben.

Die Kausalkette führt uns vertraut von einem Punkt zum nächsten, digital, linear und zuverlässig. Aber ein Kausalnetz? Was ist bei einem Netz zu sehen? Die Fäden. Nur die sind nicht das Netz. Das Entscheidende bei einem Netz sind die Räume zwischen den Knoten und den Fäden. Und diese Räume sind Struktur, Ordnung, Beziehung. Sie sind analog, nichtlinear und ... leer.

Das Denken in Kausalnetzen liegt wahrscheinlich noch gerade in den Grenzen unserer bewußten Fähigkeiten. Wenn man lernen will, damit umzugehen, wird man lernen müssen, intuitiver zu leben und zu entscheiden. Denn Intuition ist der Schlüssel, mit dem man die sensiblen Rückkoppelungsknoten entdecken kann.

»Die Welt erscheint in dieser Weise als ein kompliziertes Gewebe von Vorgängen, in dem sehr verschiedenartige Verknüpfungen sich abwechseln, sich überschneiden und zusammenwirken und in dieser Weise schließlich die Struktur des Ganzen bestimmen.« (Werner Heisenberg)

Was hat eigentlich der Systemische Markt mit Paradoxien zu tun?

Paradoxien und der Systemische Markt – wie hängt das zusammen? Paradoxien treten in sozialen Systemen auf. Sie sind das Ergebnis von Kommunikation und Wirklichkeiten zweiter Ordnung. Sobald mit Bewußtsein begabte (oder geschlagene?) Wesen Erklärungen suchen und Zusammenhänge von Phänomenen darstellen, erscheinen Paradoxien plötzlich wie ein Geist aus der Flasche. Kräfte werden frei, die die meisten Menschen nicht beherrschen.

Der Systemische Markt ist ein soziales System und als solches anfällig für Widersprüche und echte Paradoxien. Konventionelle und »vernünftige« Denkstrategien verewigen die Fallen und Scheinlösungen. Dazu haben Sie in diesem Buch eine Reihe von Fällen aus dem Alltag und dem Wirtschaftsleben beispielhaft vorgestellt bekommen. Paradoxien als solche zu erkennen und mit adäquaten Mitteln zu handhaben, das heißt gerade für den Könner, immer seltener baff zu sein. Wer es schafft, sich Paradoxien zunutze zu machen, sie sogar herzustellen, um ans Ziel zu kommen – der beherrscht einen beinahe magischen Kunstgriff. Wie ein Meister aller Flaschengeister.

Wer vernetzt denkt, findet geeignete Wege, mit seinen Aufgaben umzugehen. Er kommt sicherer zum Erfolg. Und das auf Dauer.

Eine Hürde, die durch das System bedingt ist, bleibt: Als Teil des Systems hat man es schwer, den Überblick zu gewinnen. Man sieht den Wald vor lauter Bäumen nicht. Jedenfalls nicht, wenn man im Wald steht. Dann kann man nichts über dessen Größe und Ausdehnung sagen. Käme ein Hubschrauber, der den Menschen aus dem Wald in die Höhe zöge, dann wäre sofort alles anders: Der Mensch wüßte sofort, in welche Richtung er gehen müßte. Augenblicklich gewönne er die nötige Orientierung. Ein Supervisor (einer, der von außen oder oben auf die Situation schaut) hat es leichter, Beziehungen zu erkennen und Knackpunkte herauszufinden. Er übernimmt die Rolle des Hubschraubers, vorausgesetzt, er verfügt über die erforderlichen Fähigkeiten. Mit einem professionellen Berater kommt der Außenstehende ins Spiel, der die Perspektive mitbringt, die den in das Spiel Verwickelten aus der Verstrickung und Orientierungslosigkeit hilft. Der Berater gibt die Zielfindung nicht vor, sondern er ermöglicht sie.[47]

Früher, im Käufermarkt, ging es darum, den Kunden besser zu verstehen. Heute – unter den Gegebenheiten des Systemischen Marktes – muß der Verkäufer nicht nur den Kunden verstehen, sondern auch dessen räumliches und zeitliches Umfeld, dessen Organisation und Ressourcen. Er muß die kurz- und langfristigen Auswirkungen der Aktionen besser einschätzen können. Heute ist ein guter Verkäufer ein Consulter und ein guter Manager ein Coach. Beide sind sich dieser vernetzten Situation ihres Partners bewußt. Ihre Funktion gleicht der Arbeit an einer High-Tech-Datenbank: Sie überblicken nicht nur die Bedieneroberfläche, sondern das ganze System. Sie wissen nicht nur, wer der Einkäufer ist oder wer welche Stärken hat. Sie können Systeme ganzheitlich handhaben. Jede isolierte Lösung gleicht einer Symptom-Kurierung, die nur eine Symptom-Verschiebung oder sogar eine neue Symptom-Erzeugung nach sich zieht.

Vieles können Unternehmer und Verkäufer lernen, und in einer guten Weiterbildungsmaßnahme ist es zu erreichen, daß

- Unternehmen lernen, besser vernetzt zu denken;
- Blockierungen aufgelöst werden;
- Teilnehmer scheinbar unüberwindliche Hürden spielend nehmen.

Es macht Spaß und (einfalls-)reich.

Lernen von den Unwissenden

Ganzheitliches und vernetztes Denken lernt man nicht wie Kaffeekochen oder das kleine Einmaleins. Man lernt es ein Leben lang und kann es schlußendlich immer noch nicht – es geht nur immer etwas besser. Lernen, und das lebenslang: immer und überall, unter allen Umständen und von jedem. Auch wenn es dabei immer wieder zu verrückten Situationen kommt.

Jemand sagte einmal: »Ich habe schweigen gelernt von den Geschwätzigen, Toleranz von den Intoleranten und Freundlichkeit von den Unfreundlichen; und dennoch seltsam, ich bin diesen Menschen nicht dankbar.«

Unsere Lehrer haben sich viel Mühe gegeben, uns an die Regeln der Logik heranzuführen. Wir alle haben logisch denken gelernt. Jetzt sollen wir mit Paradoxien arbeiten lernen.

Wenn man eine neue, umfassende Fertigkeit erwirbt, ist das anfängliche Lernen oft ein Kampf, erst mit jeder einzelnen Teilfertigkeit, dann mit der reibungslosen Integration der Teilfertigkeiten. Später vergißt man beinahe, daß man gelernt hat zu lesen, gelernt hat, Auto zu fahren, gelernt hat, einen Brief zu schreiben oder eine Konferenz zu leiten. Warum sollte es anders sein, wenn wir lernen, mit Intuition zu entscheiden, systemisch zu handeln oder vernetzt zu denken?

Ein Kampfsport-Schüler erzählte, er habe einmal seinen Lehrer gefragt, wie lange er gebraucht habe, eine bestimmte Bewegung zu lernen. Er antwortete ganz ruhig: »Gelernt? Ich habe sie noch nicht gelernt. Ich führe sie nur schon seit zweiundzwanzig Jahren aus.«

Das ist die Lernhaltung der Besten: Sie können, was sie tun, aber sie lernen weiter. Sie üben nicht, sie praktizieren.

Nachwort

Wir hatten nicht vor, eine umfassende und systematische Darstellung des Sachverhalts zu geben. Wer alles über Paradoxien und die alltäglichen Verrücktheiten herausfinden möchte, braucht ein ganzes Leben dafür. Wer den Überblick sucht, müßte dazu einige tausend Seiten durcharbeiten.

Wenn Sie mehr über die Sache erfahren wollen, dann nehmen Sie sich zehn Jahre Zeit zum Lesen. Oder kommen Sie zu uns ins Seminar. Dann brauchen Sie dafür nur ein paar Tage.

Anmerkungen

1 Genau wie lebende Organismen können Unternehmen erkranken und leiden. Auch in anderer Hinsicht wird das Unternehmen anthropomorphisiert. Identität, Kommunikationsstil, Kultur, Absichten – viele menschliche Eigenschaften und Aktivitäten werden ihm zugesprochen. Wer durch seine Beziehung zu anderen reich werden kann, kann auch an der Beziehung erkranken oder leiden.

2 Das deterministische Weltbild resultiert aus dem Glauben, die Welt laufe nach einem großen, übergreifenden Plan, den man entdecken und in den man eingreifen kann. Es liegt nahe, daß dieser Glaube i. d. R. mit reduktionistischen Überzeugungen verbunden ist, also mit stark vereinfachenden Modellen: die bunte Welt als großes Uhrwerk.

3 Peter Senge gibt dafür ein anschauliches Beispiel: das Bier-Spiel. In einem Trainingsspiel übernehmen Teilnehmer die Rollen als Kiosk-Betreiber bzw. als Bierlieferanten. Das Verhalten der Teilnehmer führt bei der ersten Bierverknappung automatisch in eine chaotische Situation. Die meisten Spieler übersehen oder mißachten bei ihren Entscheidungen die kritischen Verstärkungsfeedbacks, die sich entwickeln, wenn sie in Panik geraten. Die Kiosk-Betreiber erhöhen ihre Bestellungen drastisch, wenn ihre vorausgegangenen Bestellungen nicht zu dem gewünschten Ziel geführt haben. Das wiederum fegt die Lager des Zulieferers leer und zieht längere Lieferzeiten nach sich, die wiederum die Panik verstärken.

4 Das umgangssprachliche Wort »Zwickmühle« wurde von W. Loch in diesen Zusammenhang eingebracht, »Anmerkungen zur Pathogenese und Metapsychologie einer schizophrenen Psychose«, in: Psyche 15, 684 (1961). Helm Stierlin benutzt in seinem »Bericht über die Versammlung der American Psychiatric Association in Hawaii« das Wort »Beziehungsfalle«, in: Psyche 13, 843 (1959/60).

5 Watzlawick, Lösungen, S. 140.

6 Lewis Carroll, Alice im Wunderland.

7 Symmetrische Kommunikation: Wird A laut, wird auch B laut; komplementäre Kommunikation: Wird A laut, wird B leiser.

8 Wer in einer Kommunikationssituation der Unterlegene ist oder sich unterlegen verhält, ist in der inferioren Position. Er kann klüger, stärker oder mächtiger sein; wenn er den Partner nicht provoziert oder zu

dominieren versucht, dann befindet er sich auch in der inferioren Position.

[9] Leistungsmentalität ist diejenige Art zu denken und zu fühlen, die sich auf Leistung ausrichtet, Leistung anstrebt und Leistung bewundert.

[10] Luhmann, Soziale Systeme, S. 167.

[11] In Anlehnung an die Lehre von der Homöopathie. Siehe dort: Simile-Regel von Samuel Hahnemann.

[12] Nach einem Aufsatz aus: Personal Potential 2/96, Das Gerichtssaalspiel.

[13] Laing, Das Selbst und die anderen.

[14] Fritz Perls hat diese Technik »Kopfstandfrage« genannt.

[15] Rapport bedeutet in der Kommunikationstheorie: in gutem Kontakt miteinander umgehen, sowohl emotional als auch intellektuell.

[16] Diese Technik hat Anatol Rapoport zur Konfliktbewältigung in Gesprächen als hoch wirksam nachgewiesen.

[17] Eine vergleichbare Technik haben Sie im Abschnitt »Verbindliche Lösungen für gebundene Kunden« kennengelernt.

[18] Paul Watzlawick in einer persönlichen Mitteilung 1995 in Hagen in einem Denz-Workshop.

[19] Nach einem Artikel aus: Personal Potential 4/96 (... but do it!).

[20] F&E = Forschung und Entwicklung.

[21] Günter Ogger, König Kunde, S. 18.

[22] Bei Interesse lese man nach bei dem Physiker Werner Heisenberg.

[23] Schmierfaktor ist ein Begriff aus der Statistik, ebenso wie Ausrutscher zur Bezeichnung von Daten, die nicht ins Bild passen: alle Meßwerte, die von einer konstanten Größe abweichen, nicht genau treffen oder aus unklaren Gründen aus einem Idealverlauf herausrutschen. Neuerdings auch als Ursache des »Rauschens« in der Elektronik und Chaosforschung.

[24] Das Phänomen entspricht dem Hawthorne-Effekt. Elton Mayo, ein Harvard-Wissenschaftler, wollte in den Hawthorne-Werken der Western Electric Company in Chicago die Auswirkungen der Beleuchtung auf die Leistung der Beschäftigten untersuchen. Dabei fand er heraus, daß vor allem bislang unbekannte soziale Faktoren wie Führungsklima, Betriebsklima, Arbeitszufriedenheit und die Zusammenarbeit der einzelnen Arbeitsgruppen ausschlaggebende Bedeutung für die Arbeitsleistung hatten. Allein die Beobachtung und Befragung zeigte eine positive Wirkung!

[25] Coué, Selbstbemeisterung

[26] Watzlawick erzählte eine ähnliche Geschichte aus seiner Praxis in einem Denz-Workshop 1996.

[27] Loriot: Loriots Wegweiser zum Erfolg, S. 157.

[28] Text von Wilhelm Bendow (1884–1950).

[29] Jürgen Becker, Kabarettist.

[30] De Bono, Konflikte, S. 217.

31 Erfundene Bissigkeit in der Fastnachtausgabe einer Schweizer Zeitung, zitiert in: Gerhardt, R.: Lesebuch für Schreiber, Frankfurt a. M. 1993, S. 245.

32 De Bono, Konflikte, S. 209.

33 Rolf Breitenstein: Vom Siegen und Gewinnen, in: Neue Westfälische, 22. November 1996.

34 Schöppe, S. 209.

35 Popper, Objektive Erkenntnis, S. 92 f.

36 Gurin G. und Gurin, P.: Expectancy Theory in the Study of Poverty, in: Journal of Social Issues, Bd. 26, S. 83–104.

37 Rosenthal, Pygmalion im Unterricht, S. 3.

38 Dabei handelt es sich nicht um marginale Korrekturen, sondern durchaus um gravierende Maßnahmen: »... daß das wacklige Gerüst unserer Alltagsauffassungen der Wirklichkeit im eigentlichen Sinne wahrhaft ist und daß wir fortwährend mit seinem Flicken und Abstützen beschäftigt sind – selbst auf die erhebliche Gefahr hin, Tatsachen verdrehen zu müssen, damit sie unserer Wirklichkeitsauffassung nicht widersprechen, statt umgekehrt unsere Weltschau den unleugbaren Gegebenheiten anzupassen.« Watzlawick, Wie wirklich ist die Wirklichkeit?, S. 7.

39 Sprenger, Mythos Motivation, S. 180.

40 Ebenda, S. 182.

41 Livingston, J. S.: Motivation. Pygmalions Gesetz, in: Harvard Manager 1/1990, S. 90–99.

42 Strategisches Denken in komplexen Situationen beschreibt Dietrich Dörner: Die Logik des Mißlingens, Reinbek 1995.

43 Eine Einführung in die Simulation für den betriebswirtschaftlichen Praktiker anhand eines Perti-Netz-gestützten Werkzeugs geben Udo Gais, Peter Patzina und Uwe Adler: Simulieren geht über Studieren, München 1991.

44 Luhmann in: Bild der Wissenschaft 9/1994, S. 57.

45 Wirtschaftsploetz und Benjamin Ward, Die Idealwelten der Ökonomen.

46 Wir haben uns bei dieser Darstellung eng an Friedrich Vester angelehnt.

47 Hier scheint es ratsam, sich an das Penrosesche Dreieck zu erinnern.

Literaturverzeichnis

Bono, Edward de: Konflikte. Neue Lösungsmodelle und Strategien, Düsseldorf 1989

Brendow, Wilhelm: in Loriot: Möpse und Menschen, Zürich 1983, S. 212

Briggs, John und Peat, F. David: Die Entdeckung des Chaos. Eine Reise durch die Chaos-Theorie, München 1990

Carroll, Lewis: Alice im Wunderland, Frankfurt a. M. 1963

Cramer, Friedrich: Chaos und Ordnung. Die komplexe Struktur des Lebendigen, Stuttgart 1989

Coué, Emile: Selbstbemeisterung durch bewußte Autosuggestion, Basel 1961

Denz, Wolfgang: Erfolgsfaktor Verkauf. Handeln im Wandel, München 1996

Dörner, Dietrich: Die Logik des Mißlingens. Strategisches Denken in komplexen Situationen, Reinbek 1995

Heisenberg, Werner: Schritte über Grenzen, 1989

Hennen, Manfred: Soziale Motivation und paradoxe Handlungsfolgen, Opladen 1990

König, Eckard und Volmer, Gerda: Systemische Organisationsberatung. Grundlagen und Methoden, Weinheim 1996

Küppers, Bernd-Olaf (Hrsg.): Ordnung aus dem Chaos. Prinzipien der Selbstorganisation und Evolution des Lebens, München 1991

Laing, Ronald D.: Das Selbst und die Anderen, Köln 1973

Loch, W.: Anmerkungen zur Pathogenese und Metapsychologie einer schizophrenen Psychose, in: Psyche 15, 684 (1961)

Loriot: Loriots Wegweiser zum Erfolg, München 1963

Ludwig, Peter H.: Sich selbst erfüllende Prophezeiungen im Alltagsleben, Stuttgart 1991

Luhmann, Niklas: Soziale Systeme, 1984

Ogger, Günter: König Kunde – angeschmiert und abserviert, München 1996

Popper, Karl R.: Objektive Erkenntnis, Hamburg 1973

Rapoport, Anatol: Kämpfe, Spiele und Debatten. Drei Konfliktmodelle, Darmstadt 1976

Rosenthal, Robert und Jacobson, L.: Pygmalion im Unterricht, Weinheim 1971

Sainsbury, R. M.: Paradoxien, Stuttgart 1993
Schöppe, Arno: Theorie paradox. Kreativität als systematische Herausforderung, Heidelberg 1995
Selvini Palazzoli, Mara u. a.: Hinter den Kulissen der Organisation, Stuttgart 1988
Selvini Palazzoli, Mara u. a.: Paradoxon und Gegenparadoxon, Stuttgart 1996
Senge, Peter M.: Die fünfte Disziplin. Kunst und Praxis der lernenden Organisation, Stuttgart 1996
Sprenger, Reinhard: Mythos Motivation, Frankfurt a. M. 1992
Stierlin, Helm: Bericht über die Versammlung der American Psychiatric Association in Hawaii, Mai 1958, in: Psyche 13, 843 (1959/60)
Twain, Mark: Tom Sawyers Abenteuer, Frankfurt a. M. 1974
Urban, Dieter: Kauf mich! Visuelle Rhetorik in der Werbung, Stuttgart 1995
Vester, Frederic: Unsere Welt – ein vernetztes System, Stuttgart 1978
Vester, Frederic: Neuland des Denkens, Stuttgart 1980
Ward, Benjamin: Die Idealwelten der Ökonomen, Frankfurt a. M. 1986
Watzlawick, Paul: Wie wirklich ist die Wirklichkeit? München 1976
Watzlawick, Paul u. a.: Lösungen. Zur Theorie und Praxis menschlichen Wandels, Bern 1979
Weeks, Gerald R. und L'Abate, Luciano: Paradoxe Psychotherapie, Stuttgart 1985
Wirtschaftsploetz, Freiburg 1984

Zeitschriften
GEO Wissen. Chaos und Kreativität, November 1993
Bild der Wissenschaft, September 1994
Harvard Manager 1/1990
Journal of Social Issues, Bd. 26
Personal Potential 2/96
Personal Potential 4/96